Thomas Möbius

Wie interpretiere ich Fabeln, Parabeln und Kurzgeschichten?

Anleitung

Bange Verlag

Über den Autor:

Thomas Möbius, geboren 1963 in Heidelberg, Studium der Germanistik und ev. Theologie, Promotion zum Dr. phil. in der germanistischen Mediävistik, Stipendiat der Konrad-Adenauer-Stiftung, Lehraufträge an der Universität Heidelberg, 1991–2001 Lehrer an einem Gymnasium in Mannheim, seit 2002 Akademischer Rat für Literaturwissenschaft und Literaturdidaktik an der Pädagogischen Hochschule Heidelberg, mehrjährige Auslandsaufenthalte in Mailand, Rom und Singapur, Autor von Lernhilfen und Königs Erläuterungen des Bange Verlags.

2., korrigierte Auflage 2006
ISBN-13: 978-3-8044-1517-1
ISBN-10: 3-8044-1517-2

Druck und Weiterverarbeitung: Finidr, s. r. o., Český Têšín

Inhalt

Hinweise zur Benutzung des Buches

Der vorliegende zweite Band der Lernhilfenreihe zu den kleinepischen Gattungen „Fabel", „Parabel", „Kurzgeschichte" ist eine an der Praxis orientierte und dennoch theoretisch ausgerichtete Anleitung zur Interpretation kleinepischer Texte.

Schritt für Schritt lässt sich das Erarbeiten eines kleinepischen Textes einüben: Dabei werden nicht nur Textzusammenfassung und Gliederungsanalyse verfasst, sondern auch poetische Mittel untersucht und Charakterisierungsübungen vollzogen. Auszüge aus den jeweils relevanten Schullektüren stehen als Erarbeitungsmaterial zur Verfügung.

Die beigefügten Übungen ermöglichen an jeder Stelle der Darstellung eine genaue Überprüfung des eigenen Wissensstandes; in einer Abschlussübung werden sämtliche zentralen Begriffe erneut erfragt.

Ein umfangreiches Glossar zu den Grundbegriffen der Epik und ein ausführliches Stichwortverzeichnis machen das vorliegende Buch zu einem nützlichen und kompetenten Nachschlagewerk für alle Fragen in Sachen „kleinepischer Literatur".

Stichwortverzeichnis

1. Die Kurzgeschichte

1.1 Was ist eine Kurzgeschichte?

Eine Definition besagt: „Kurzgeschichte, urspr. Übersetzung des amerikan. short story, doch in Europa wegen Vorherrschaft der Novelle e. Sondergattung, kurze ep. Prosa-Zwischenform von Novelle, Skizze und Anekdote, charakterisiert durch zielstrebige, lineare, straffe und bewusste Komposition auf eine unausweichl. Lösung hin (vom Schluss her geschrieben), die auf Erschütterung abzielt oder einen Lebensbruch bringt oder den Ausgang offenlässt. Zusammendrängung e. in sich gerundeten Geschehens auf e. entscheidenden Moment mit unvermuteter Pointe auf engstem Raum, Summe eines Menschenlebens, bes. e. Außenseiters, aus dem Augenblick belebt, realist. Tatsachenwiedergabe, provozierende Erkenntnis, Umschlag ins Surreale oder impressionist. Stimmungsbild bilden die Skala ihrer Möglichkeiten, die in ständiger Erweiterung begriffen ist." (Wilpert 1989, S. 493)

Zur Interpretation einer Kurzgeschichte gehören die folgenden Aspekte: **Inhalt** und **Aufbau** des Textes, Bestimmung des **Themas**, evtl. Analyse des Argumentationsgangs sowie der Raum- und Zeitstruktur und der Charaktere, Bestimmung und Untersuchung der zentralen **Motive**, Analyse von **Sprache, Stil, erzählerischen Mitteln** und der **Aussage**.

Diese Aspekte sollen im Folgenden an zwei Texten eingeübt werden: An Wolfgang Borcherts Kurzgeschichte *Nachts schlafen die Ratten doch* werden die Schritte der Interpretation systematisch eingeübt. An der Erzählung *Flug durch Zürich* von Thomas Hürlimann, die thematisch mit Borcherts Text vergleichbar ist, können Sie diese dann eigenständig zur Anwendung bringen.

1.2 Texte von Kurzgeschichten

Übung 1 *Lesen Sie langsam die folgenden Kurzgeschichten. Machen Sie öfters eine Lesepause und rekapitulieren Sie, was genau der Inhalt des gerade gelesenen Abschnitts war. Markieren Sie sich mit einem Stift bereits während des Lesens Stellen, die Ihnen auffallen.*

a) Wolfgang Borchert: *Nachts schlafen die Ratten doch*

Lesetext

Wolfgang Borchert (1921–1947)
Nachts schlafen die Ratten doch (1949)

Das hohle Fenster in der vereinsamten Mauer gähnte blaurot voll früher Abendsonne. Staubgewölke flimmerte zwischen den steilgereckten Schornsteinresten. Die Schuttwüste döste.

Er hatte die Augen zu. Mit einmal wurde es noch dunkler. Er merkte, dass jemand gekommen war und nun vor ihm stand, dunkel, leise. Jetzt haben sie mich!, dachte er. Aber als er ein bisschen blinzelte, sah er nur zwei etwas ärmlich behoste Beine. Die standen ziemlich krumm vor ihm, dass er zwischen ihnen hindurchsehen konnte. Er riskierte ein kleines Geblinzel an den Hosenbeinen hoch und erkannte einen älteren Mann. Der hatte ein Messer und einen Korb in der Hand. Und etwas Erde an den Fingerspitzen.

Du schläfst hier wohl, was?, fragte der Mann und sah von oben auf das Haargestrüpp herunter. Jürgen blinzelte zwischen den Beinen des Mannes hindurch in die Sonne und sagte: Nein, ich schlafe nicht. Ich muss hier aufpassen. Der Mann nickte: So, dafür hast du wohl den großen Stock da?

Ja, antwortete Jürgen mutig und hielt den Stock fest.

Worauf passt du denn auf?

Das kann ich nicht sagen. Er hielt die Hände fest um den Stock.

Wohl auf Geld, was? Der Mann setzte den Korb ab und wischte das Messer an seinem Hosenboden hin und her.

Nein, auf Geld überhaupt nicht, sagte Jürgen verächtlich. Auf ganz etwas anderes.

Na, was denn?

Ich kann es nicht sagen. Was anderes eben.

Na, denn nicht. Dann sage ich dir natürlich auch nicht, was ich hier im Korb habe. Der Mann stieß mit dem Fuß an den Korb und klappte das Messer zu.

Pah, kann mir denken, was in dem Korb ist, meinte Jürgen geringschätzig, Kaninchenfutter.

Donnerwetter, ja!, sagte der Mann verwundert, bist ja ein fixer Kerl. Wie alt bist du denn?

Neun.

Oha, denk mal an, neun also. Dann weißt du ja auch, wie viel drei mal neun sind, wie?

Klar, sagte Jürgen, und um Zeit zu gewinnen, sagte er noch: Das ist ja ganz leicht. Und er sah durch die Beine des Mannes hindurch. Dreimal neun, nicht? fragte er noch einmal, siebenundzwanzig. Das wusste ich gleich.

Stimmt, sagte der Mann, und genau soviel Kaninchen habe ich.

Jürgen machte einen runden Mund: Siebenundzwanzig?

Du kannst sie sehen. Viele sind noch ganz jung. Willst du?

Ich kann doch nicht. Ich muss doch aufpassen, sagte Jürgen unsicher.

Immerzu?, fragte der Mann, nachts auch?

Nachts auch. Immerzu. Immer. Jürgen sah an den krummen Beinen hoch. Seit Sonnabend schon, flüsterte er.

Aber gehst du denn gar nicht nach Hause? Du musst doch essen.

Jürgen hob einen Stein hoch. Da lag ein halbes Brot und eine Blechschachtel.

Du rauchst?, fragte der Mann, hast du denn eine Pfeife?

Jürgen fasste seinen Stock fest an und sagte zaghaft: Ich drehe. Pfeife mag ich nicht.

Schade, der Mann bückte sich zu seinem Korb, die Kaninchen hättest du ruhig mal ansehen können. Vor allem die Jungen. Vielleicht hättest du dir eines ausgesucht. Aber du kannst hier ja nicht weg.

Nein, sagte Jürgen traurig, nein, nein.

Der Mann nahm den Korb hoch und richtete sich auf. Na ja, wenn du hier bleiben musst – schade. Und er drehte sich um.

Wenn du mich nicht verrätst, sagte Jürgen da schnell, es ist wegen den Ratten.

Die krummen Beine kamen einen Schritt zurück: Wegen den Ratten?

Ja, die essen doch von Toten, von Menschen. Da leben sie doch von.

Wer sagt das?

Unser Lehrer.

Und du passt nun auf die Ratten auf?, fragte der Mann.

Auf die doch nicht! Und dann sagte er ganz leise: Mein Bruder, der liegt nämlich da unten. Da. Jürgen zeigte mit dem Stock auf die zusammengesackten Mauern. Unser Haus kriegte eine Bombe. Mit einmal war das Licht weg im Keller. Und er auch. Wir haben noch gerufen. Er war viel kleiner als ich. Erst vier. Er muss hier ja noch sein. Er ist doch viel kleiner als ich.

Der Mann sah von oben auf das Haargestrüpp. Aber dann sagte er plötzlich: Ja, hat euer Lehrer euch denn nicht gesagt, dass die Ratten nachts schlafen?

Nein, flüsterte Jürgen und sah mit einmal ganz müde aus, das hat er nicht gesagt.

Na, sagte der Mann, das ist aber ein Lehrer, wenn er das nicht mal weiß. Nachts schlafen die Ratten doch, nachts kannst du ruhig nach Hause gehen. Nachts schlafen sie immer. Wenn es dunkel wird, schon.

Jürgen machte mit seinem Stock kleine Kuhlen in den Schutt. Lauter kleine Betten sind das, dachte er, alles kleine Betten.

Da sagte der Mann (und seine krummen Beine waren ganz unruhig dabei): Weißt du was? Jetzt füttere ich schnell meine Kaninchen, und wenn es dunkel wird, hole ich dich ab. Vielleicht kann ich eins mitbringen. Ein kleines oder, was meinst du?

Jürgen machte kleine Kuhlen in den Schutt. Lauter kleine Kaninchen. Weiße, graue, weißgraue. Ich weiß nicht, sagte er leise und sah auf die krummen Beine, wenn sie wirklich nachts schlafen.

Der Mann stieg über die Mauerreste weg auf die Straße. Natürlich, sagte er von da, euer Lehrer soll einpacken, wenn er das nicht mal weiß.

Da stand Jürgen auf und fragte: Wenn ich eins kriegen kann? Ein weißes vielleicht?

Ich will mal versuchen, rief der Mann schon im Weggehen, aber du musst hier solange warten. Ich gehe dann mit dir nach Hause, weißt du? Ich muss deinem Vater doch sagen, wie so ein Kaninchenstall gebaut wird. Denn das müsst ihr ja wissen.

Ja, rief Jürgen, ich warte. Ich muss ja noch aufpassen, bis es dunkel wird. Ich warte bestimmt. Und er rief: Wir haben auch noch Bretter zu Hause.

Kistenbretter, rief er.

Aber das hörte der Mann schon nicht mehr. Er lief mit seinen krummen Beinen auf die Sonne zu, die war schon rot vom Abend, und Jürgen konnte sehen, wie sie durch die Beine hindurchschien, so krumm waren sie. Und der Korb schwenkte aufgeregt hin und her. Kaninchenfutter war da drin. Grünes Kaninchenfutter, das war etwas grau vom Schutt.

b) Thomas Hürlimann: *Flug durch Zürich*

Lesetext

Thomas Hürlimann (geb.1950)
Flug durch Zürich (1992)

Zürich, hinterm Bahnhof, ein Morgen im Februar. Die junge Frau zeigt in die Luft, weinend, sie haben ihr, sagt sie, die Füße ausgerissen. Ihr? die Füße? Ja, sagt sie schniefend, dort, dort oben, dort fliegt sie, wo, was, ich verstehe kein Wort, bin verkatert, will weiter, bloß weg hier, aber die Frau, mich einholend, packt mich am Ärmel. Sie ist bleich, schmal, fast noch ein Kind. Hilf mir, sagt sie, so hilf mir doch, siehst du, dort stirbt sie, hoch in der Luft.

Ich riskiere ein Grinsen.

Du Arsch, schreit sie, meiner Taube fehlen die Füße, ohne Füße kann sie nicht landen, kapiert.

Ein Reflex: Meine Hand greift zum Gesäß, kontrolliert das Portemonnaie. Oder will ich ihr Geld geben, mich loskaufen?

Die Frau sieht plötzlich alt aus, ein keifendes Weib, trotzdem tut sie mir leid in ihren abgewetzten, löchrig dünnen Jeansklamotten, das T-Shirt voller Rotz, am Hals ein paar Stiche, Schwären, sie ist alt, ein altes Kind. Hilfst du mir?, betteln die großen, nassen Augen.

Auf der Tramhaltestelle stehen die Jemands in einer Reihe. Jemand beißt die Zähne zusammen, jemand hört hin, jemand sieht weg, jemand trägt Schlaf im Gesicht, und jemand blickt in den Abgrund seiner Zeitung, jetzt eine Klingel, schrill naht das Tram, pass doch auf, Idiot, meine Nerven. Meine Nerven!

Die Jemands drängen sich zum Pulk, und der Mann, der die Zeitung gelesen hat, klemmt sich den Abgrund unter den Arm, sauber gefaltet.

Die Kindfrau glotzt vor sich hin, dann zeigt sie ein scheues Lächeln, und dann, als wolle sie mir eine verbotene Ware verkaufen, tut sich ihre Hand langsam auf, Stoff?

Nein, auf ihrem Handteller liegen zwei Vogelfüße, graudünne Läufe mit vier Zehen. Begreifst du jetzt, fragt sie leise, fast flüsternd, glaubst du mir?

Verkehr, es ist kalt, bitterkalt, aber dort oben erscheint nun die Sonne, ein Teich aus Licht, aus Eis, auch der Himmel friert zu. Vielleicht, denke ich, hat sie tatsächlich Recht, verschatte die Augen, suche den Himmel ab, aber meiner ist leer. Ich lüpfe die Achseln. Nichts, sage ich.

Aber die Füße, sagt sie, hier sind die Füße! So viel hätte ich verstanden, sage ich, die Taube habe ihre Füße verloren, so dass sie nun fliegen müsse, immerzu fliegen, kreisen und steigen, ja!, schreit sie, ja, und wieder starrt sie nach oben, verzweifelt, entsetzt, nur sie, die Ermattete, hat die Augen, um den sterbenden Vogel zu sehen und das Grauen um ihn herum, Himmelsfetzen, Häuserzeilen, Kamine, Antennen. Verschwunden, sagt sie plötzlich, fort, und schließt, als möchte sie den Vogel liebkosen, ihre Hand.

Wieder haben die Jemands unsere Insel erobert. Wieder blickt jemand in die Zeitung, riecht jemand nach Unglück, drängen sich alle zum Pulk, lautlos, und jemand, der seine Mappe umklammert, hat seinen Gummischuh als Erster auf dem Trittgitter. Was soll ich ihr sagen?

Sie wird sich, sobald es geht, in die nächste Spritze stürzen, aber den zum Fliegen verdammten Vogel lässt sie nicht aus den Augen, heute nicht, morgen nicht, sie gehören zusammen, die sterbende Taube und das Mädchen, ein Flug, ein Tanz durch die Stadt.

Als das nächste Tram naht, trete ich unter meinesgleichen, die Türen flappen zu, wir rollen davon. Jemand hört hin, jemand sieht weg. Hin und wieder flackert die Sonne durch die Scheiben, und irgendwo da oben fliegt dieser Vogel, der sich ein Mädchen hinterherzieht, von Wolke zu Wolke, durch den Nebel, in die Sonne.

Zürich, hinterm Bahnhof, ein Morgen im Februar.

Übung 2 ***Notieren Sie, was Ihnen nach der Lektüre der Erzählungen durch den Kopf geht: Sprechen die Geschichten Sie an? Finden Sie die Geschichten vielleicht etwas seltsam? Versuchen Sie zu begründen, warum Sie zu diesem Urteil kommen.***

▶ *Lösung Seite 79*

1.3 Interpretationsschritte

1.3.1 Textzusammenfassung und Inhaltsangabe schreiben

Oft als Pflichtübung empfunden, ist die Inhaltsangabe doch ein sinnvoller und wichtiger erster Schritt zur Interpretation. Bei der zusammenfassenden Wiedergabe eines Textes vergewissert man sich des eigenen Verständnisses; zugleich wird einem durch die Aufgabe der Zusammenfassung auch klar, was man nicht verstanden hat und was man daher noch einmal lesen sollte.
In die folgende Textzusammenfassung von Borcherts *Nachts schlafen die Ratten doch* wurden absichtlich mehrere Fehler eingebaut:

In einer Stadt, die vom Krieg verschont worden ist und die wahrscheinlich in einer Wüste liegt (vgl. Z. 3), begegnete ein jüngerer Mann Jürgen, der mit einem Kaninchenstall in der Hand vor einem von einer Bombe getroffenen Bauernhof steht. Mit ziemlicher Neugier – wie ich finde – hat der Mann zunächst herauszubekommen versucht, was das Mädchen an dieser Stelle mache. Jürgen wehrte alle Fragen geschickt ab: „Das kann ich nicht sagen." Dann log der Mann, dass er in seinem Korb Rattenfutter habe, das er seinen 27 Ratten bringen wolle. Jürgens Interesse ist nun zwar geweckt, das Angebot, die Ratten sehen zu dürfen, schlug er jedoch wieder mit der Begründung aus, dass er auf seine Mutter warten müsse, die einkaufen gegangen sei.

Übung 3 *Korrigieren Sie, was Ihnen an der Inhaltsangabe nicht gelungen erscheint!*

Übung

Für die Inhaltsangabe am Beginn einer Interpretation gilt Folgendes:

Inhaltsangabe
Im Einleitungsteil der Interpretation steht eine knappe Inhaltsangabe, die das Textverständnis sicherstellen und zugleich ein Vorverständnis für die Interpretation ermöglichen soll. Zu beachten ist:
- Wiedergabe der **wichtigsten** Handlungen und Handlungsschritte sowie Nennung der wichtigsten Personen
- Textwiedergabe in eigenen Worten
- objektiv-distanzierende Schreibhaltung, d.h. Verzicht auf wörtliche Rede und andere möglicherweise spannungssteigernde Elemente
- keine persönliche Kommentierung des Geschehens
- Tempus: Präsens
- Kürze: Weglassen aller überflüssigen Details

Info

Übung 4 *Überarbeiten Sie nun unter Berücksichtigung der genannten Kriterien nochmals die Textzusammenfassung auf Seite 13 zu Borcherts* Nachts schlafen die Ratten doch.

► *Lösung Seite 79*

Wenn die Einleitung ein erstes „Tor" zur Interpretation ist, so ist der **einleitende Satz** der „Schlüssel" dazu. Er hat die Aufgabe, den Leser auf die Interpretation einzustimmen und muss somit sachlich und – soweit möglich – spannend sein.

Übung 5 *Prüfen Sie folgende einleitende Sätze und ordnen Sie ihnen die richtige Beurteilung zu:*

► *Lösung Seite 79*

einleitende Sätze	Beurteilung
a) *In der 1949 entstandenen Kurzgeschichte* Nachts schlafen die Ratten doch *von Wolfgang Borchert geht es um ein Mutmachen zum Weiterleben trotz allgegenwärtiger Zerstörung.*	1) … erwähnt nur kurz einen Aspekt der Handlung
b) *In der 1949 entstandenen Kurzgeschichte* Nachts schlafen die Ratten doch *von Wolfgang Borchert geht es um eine Unterhaltung zwischen einem Jungen und einem Mann.*	2) … nennt Autor, Titel, Datum und umreißt knapp das Thema
c) *Die Kurzgeschichte spricht von Lebensoptimismus.*	3) … vergisst, Autor und Entstehungs- bzw. Erscheinungsdatum zu nennen und umreißt mehr den Inhalt als das Thema
d) *In der Kurzgeschichte* Nachts schlafen die Ratten doch *geht es um ein Gespräch zwischen einem Jungen und einem Mann, die sich vor einem zerstörten Haus treffen und sich über Kaninchen unterhalten.*	4) ... bestimmt das Thema ungenau und beschränkt sich auf dieses

Übung 6 *Welcher Satz erscheint Ihnen am geeignetsten für die Einleitung? Formulieren Sie eigenständig einen Einleitungssatz!*

► *Lösung Seite 79*

Einleitungssatz
Der einleitende Satz soll einen ersten Eindruck vom Text vermitteln, indem er auf das **Thema** hinweist. Darüber hinaus kann er schlaglichtartig auf die Handlung oder auf Schwerpunkte der folgenden Untersuchung hinweisen. Auf jeden Fall müssen **Textart, Titel, Autor** und ggf. **Entstehungs- oder Erscheinungsdatum** des Textes genannt werden.

Übung 7 *Teilen Sie die Kurzgeschichte von Thomas Hürlimann* Flug durch Zürich *in voneinander unterscheidbare Sinnabschnitte ein. Fassen Sie jeden Abschnitt in 1–2 Stichworten zusammen.*

► *Lösung Seite 79*

Übung 8 *Fügen Sie die einzelnen Stichworte zu einer vollständigen Inhaltsangabe zusammen.*

► *Lösung Seite 80*

1.3.2 Aufbau erfassen

Dem Verständnis eines Textes nähert man sich also im ersten Schritt über die Zusammenfassung. Im zweiten Schritt geht es darum, den **Aufbau** zu erfassen. Mögliche Fragen zum Aufbau sind z. B.:

- Lassen sich **Einleitung, Hauptteil** und **Schluss** klar voneinander unterscheiden?
- Gibt es erkennbare **Argumentationsschritte**?
- Wird in der Einleitung eine **Vorgeschichte** zur Handlung erzählt? Wie ausführlich ist die Vorgeschichte?
- An welcher Stelle befindet sich der **Höhepunkt** des Gesprächs?
- Wie wird der Höhepunkt des Gesprächs **vorbereitet**?
- Gibt es ein **„offenes"** oder ein **„geschlossenes"** Ende?

Info

Über den Aufbau des Textes hinaus ist es gut, wenn **Beziehungen innerhalb des Textes** aufgezeigt werden können. Hierbei ist besonders das **Verhältnis zwischen Anfang und Ende** von Bedeutung. Haben die Handlung oder die sie tragenden Figuren eine Entwicklung durchlaufen? Besteht zwischen Anfang und Ende das Verhältnis einer Entsprechung oder das eines **Widerspruchs**? Ist die Struktur eine **linear-fortschreitende** oder eine **kreisförmige**?

Übung

Übung 9 *Teilen Sie die Kurzgeschichte* Nachts schlafen die Ratten doch *in erkennbare Sinnabschnitte ein.*

▶ *Lösung Seite 80*

Übung

Übung 10 *Formulieren Sie aufgrund Ihrer Stichworte eine fortlaufende Inhaltsangabe, die auch die Gliederung berücksichtigt.*

▶ *Lösung Seite 80 f.*

Der Inhalt eines erzählenden Textes ist nicht mit dem Thema zu verwechseln! Den Unterschied kann man sich gut anhand der Inhalts- und der Themenfrage deutlich machen:

Info

Was wird erzählt?
→ **Inhaltsfrage**, wird beantwortet durch Textzusammenfassung und Aufbau
Wovon handelt die Geschichte?
→ **Themenfrage**, wird beantwortet im einleitenden Satz bzw. im Rahmen der Einleitung

Übung

Übung 11 *Welche der folgenden Themenbestimmungen trifft Ihrer Ansicht nach zu? Begründen Sie Ihre Meinung.*

Thema der Kurzgeschichte Nachts schlafen die Ratten doch *von Wolfgang Borchert ist*
a) die Konsequenz von Mitleidlosigkeit,
b) das Verhältnis zwischen Erwachsenen und Jugendlichen,
c) humanes Handeln in Zeiten der Not,
d) ein historisches Ereignis aus der Geschichte.

▶ *Lösung Seite 81*

Übung 12 *Bestimmen Sie das Thema der Kurzgeschichte* Flug durch Zürich *von Thomas Hürlimann.*
► *Lösung Seite 81*

1.3.3 Die Erzählweise

Die klassische Erzähltextanalyse beschreibt die Merkmale eines erzählenden literarischen Textes anhand der zentralen Kriterien „Erzähler", „Zeit", „Rede- und Bewusstseinsformen".
Wiederholen Sie diese Begriffe zunächst mit den folgenden Übungen.

Übung 13 *Fachbegriffe zur Beschreibung der Erzählweise sind:*

Geschehen / Gattung / allwissender (auktorialer) / Blickwinkel / personale oder Er-Erzählhaltung / Erzählschritt / Erzähler / Ich-Erzähler / Erzählhaltung / Großform / Erzählzeit / Erzählhaltung / Kleinform / Zeitraffung / Geschehen / innerer Monolog / erzählte Zeit / Zeitebenen / Zeitdehnung / Gestaltungsmerkmal / Erzählperspektive / erlebte Rede.

Setzen Sie diese Begriffe an den korrekten Stellen des folgenden Textes ein.

Die Weise, wie ein ________________ dem Leser den Text vermittelt, wird ________________ (auch Erzählweise) genannt. Individuelle und differenzierende Beschreibungen dieser Vermittlung werden mit Wörtern wie z.B. „allwissend", „distanziert", „betrachtend" formuliert. Es ist auch möglich, sie einem allgemeinen Typus zuzuordnen. Man unterscheidet:
- den ________________ Erzähler. Er kennt das gesamte Geschehen, mischt sich durch Erläuterungen, Kommentare, Wertungen ein und spricht den Leser direkt an. Der auktoriale Erzähler ist genauso wie die Figuren eine vom Autor geschaffene Gestalt.
- den ________________: Er ist mit einer Figur des Textes identisch und gehört damit zur fiktiven Welt des epischen Textes.
- die ________________: Der Erzähler tritt vollständig zurück und erzählt aus dem eingeschränkten ________________ einer Person.

Die Entwicklung und Darstellung des Geschehens wird durch einzelne ________________ markiert. Beim Geschehen kann man zwischen dem äußeren („sichtbare" Handlung) und dem inneren ________________ (Gedanken, Gefühle, Ängste) unterscheiden. Diese Unterscheidung gilt prinzipiell für alle literarischen ________________ .
Die ________________ (auktorial, personal und Ich-Perspektive) bestimmt entscheidend die ________________, d.h. den Blickpunkt, von dem aus der

Erzähler auf das ________________ schaut. Vor allem in modernen Texten wird die Erzählhaltung durch Techniken wie ________________ (Gedanken einer Figur in der 1. Person) oder ________________ (in der 3. Person) variiert. Ein wichtiges ________________ epischer Texte ist das Verhältnis von ______ ____________ (durchschnittliche Zeit, die ein Leser zur Lektüre braucht) und ____________ (Zeit, in der sich die Handlung abspielt). Diese kann in verschiedene ____________ (z. B. durch Einfügen von Rückblenden) aufgeteilt sein. Aus dem Verhältnis von Erzählzeit und erzählter Zeit ergibt sich z. B. die ______________ (Verhältnis zugunsten der Erzählzeit verschoben, Erzählzeit länger als erzählte Zeit oder die ________________ (Verhältnis zugunsten der erzählten Zeit verschoben, Erzählzeit kürzer als erzählte Zeit) im umgekehrten Fall.
Die Untergliederung epischer Formen wird unterschiedlich vorgenommen. Zu den so genannten ________________ zählen unter anderem Roman und Epos, zu den so genannten ________________ Novelle, Kurzgeschichte, Märchen, Parabel, Fabel, Anekdote.

▶ *Lösung Seite 81 f.*

Übung

Übung 14 *Bestimmen Sie die Erzählperspektive in* Nachts schlafen die Ratten doch.

▶ *Lösung Seite 82*

Übung

Übung 15 *Welche Funktion könnte die Einnahme dieser Erzählperspektive haben?*

▶ *Lösung Seite 82*

Übung

Übung 16 *Analysieren Sie den Erzähltext* Flug durch Zürich *nach den in Übung 13 erarbeiteten Kriterien.*

▶ *Lösung Seite 82*

1.3.4 Sprache und Stil als poetische Gestaltungsmittel analysieren

Wenn die Sprache einer der wichtigsten Untersuchungsaspekte von literarischen Texten überhaupt ist, so gilt dies natürlich auch für die Kurzgeschichte. Die Verwendungsweise der Sprache konstituiert den individuellen Stil eines Autors bzw. eines Textes. Als „Stil" lässt sich die einheitliche Darstellungs- und Ausdrucksweise eines poetischen Textes bezeichnen. Für die Textinterpretation kommen v. a. zwei Aufgaben in den Blick:

1. Aufweisen der Stilmittel
2. Deutung des Ausdruckswertes dieser Stilmittel innerhalb des Ganzen.

Übung

Übung 17 *Fügen Sie die Begriffe aus dem Kasten in die passende Stelle im Lückentext ein!*

Wortwahl	Satzbau
Verbalstil	Hypotaxe
Nominalstil	Satzarten
Wortarten	lange, kurze oder mittellange Sätze
Adjektive und adverbiale Bestimmungen	Parataxe
	Satzbau

Neben Wortwahl und Satzbau bestimmt sich der Stil eines Textes im Wesentlichen durch die besonderen Stilmittel und rhetorischen Figuren. Bei der Analyse der Wortwahl untersucht man einen Text z.B. darauf, ob bestimmte ______________ (a) dominieren. Tauchen besonders viele Substantive oder Substantivierungen auf, so spricht man vom ______________ (b), der in seiner Wirkung als verknappend und sachlich beschrieben wird. Besonders ‚farbig' und anschaulich wird ein Text durch die Verwendung von ______________ (c). Liegt die Betonung auf dem Fortgang und der Vielseitigkeit der Handlung, werden sich besonders viele Verben finden; man spricht dann vom ______________ (d). Ein weiteres wichtiges Charakteristikum des Stils ist der ______________ (e). Ein Kriterium dabei ist die Satzlänge: Enthält der Text vorwiegend ______________, ______________ oder ______________ (f)? Darüber hinaus stellt sich die Frage, wie die Sätze miteinander verbunden sind. So spricht man, wenn viele Hauptsätze nebeneinander stehen, von einer ______________ (g). Sie bewirkt oft den Eindruck des unverbundenen Nebeneinanders, des wie Aufgezählten. Besteht dagegen der Text zum überwiegenden Anteil aus Satzgefügen (Hauptsatz + Nebensätze, zumeist durch Konjunktionen miteinander verbunden), handelt es sich um die ______________ (h). Sie bewirkt einen verschlungenen Eindruck und stellt die verschiedensten Zusammenhänge zwischen Personen und Handlungen her. Interessant ist auch die Untersuchung nach ______________ (i). Besteht ein Text vorwiegend aus Aussagesätzen oder gibt es Häufungen von Fragesätzen und Ausrufen? Solche Häufungen verraten oft die Aufregung des Sprechers.

► *Lösung Seite 82*

Übung 18 *Sehen Sie sich den Dialog zwischen dem Mann und Jürgen aus Borcherts Kurzgeschichte an.*

- *Was ist zur Länge der Sätze zu sagen?*
- *Wie ist der Satzbau zu beschreiben?*
- *Welche Wirkung geht davon aus?*

▶ *Lösung Seite 82*

Übung 19 *Welche Satzarten werden in dem Dialog überwiegend verwendet? Welche Schlüsse können Sie daraus ziehen?*

▶ *Lösung Seite 83*

Übung 20 *Versuchen Sie, die Schlüsselwörter des Dialogs zwischen dem Mann und dem Jungen zu benennen.*

▶ *Lösung Seite 83*

Übung 21 *Welche Wortarten dominieren in dem Dialog zwischen dem Mann und dem Jungen? Liegt eher ein Nominal- oder ein Verbalstil vor?*

▶ *Lösung Seite 83*

Übung 22 *Wie würden Sie abschließend den Stil des Dialogs beschreiben?*

▶ *Lösung Seite 83*

Die folgende Übersicht macht noch einmal den Zusammenhang zwischen Satzbau, Wortwahl und Stilanalyse deutlich.

Stilanalyse

Kriterien: Satzbau + Wortwahl

Satzbau:
↓
Satzlänge; Parataxe, Hypotaxe?
↓
einfacher, nüchterner, unverbundener oder komplizierter, verschlungener Satzbau?
↓
Satzarten (Frage-, Ausrufe-, Aussagesätze)
↓
Grad der Aufregung, Unsicherheit oder Bestimmtheit?

Wortwahl:
↓
dominierende Wortart? Nominalstil, Verbalstil?
↓
„Färbung", Ausdrucksgehalt der Wörter?
↓
Wertung der Figuren oder Handlungsmotive?

Zur sprachlichen Gestaltung von literarischen Texten gehören auch rhetorische Figuren bzw. erzählerische Gestaltungsmittel. Ihre Untersuchung muss stets im Zusammenhang mit der vermuteten Intention bzw. der Wirkung der Textstelle geschehen.

Übung

Übung 23 *Lesen Sie zunächst den folgenden Textauszug und versuchen Sie dann, die Lücken in der dem Text nachfolgenden Tabelle zur erzählerischen Gestaltung auszufüllen. Wenn Sie einen Begriff nicht kennen, schlagen Sie bitte im Glossar nach.*

Lesetext

Thomas Hürlimann (geb. 1950)
Dämmerschoppen (1991)

Am Vorabend seines siebzigsten Geburtstages saß hoch über dem Vierwaldstätter See der Dichter Gottfried Keller auf einer Hotelterrasse, trank eine Flasche Gumpoldskirchner und sah in die Dämmerung hinaus. Hier oben kannte ihn niemand. Der Seelisberg, mitten in der Innerschweiz auf einer steil abfallenden Felsflanke gelegen, war ein vornehmer Luftkurort und wurde von Herrschaften aus ganz Europa, ja sogar aus Übersee, aber kaum von Schweizern besucht. Keller hob das Glas. Der Juliabend war lau, der Wein gut, mit jedem Schluck fühlte er sich wohler. Morgen würde er siebzig Jahre alt, ein runder Geburtstag, das größte Fest seines Lebens, er jedoch, der Jubilar, hatte all seinen Gratulanten ein Schnippchen geschlagen. Es war ihm gelungen, im Grand-Hotel „Sonnenberg“ unter falschem Namen abzusteigen. Er trank das Glas in einem Zug leer und stellte sich in wachsender Frohlaune vor, wie die Männerchöre und Fackelstudenten ihre Lieder und Hochrufe vor seiner Wohnung am Zürcher Zeltweg ins Leere jubeln würden: Keller hervor!, und die Studentenkäppis, die Zylinder und Fackeln stiegen im Takt über ihre Köpfe: hurra! hurra! hurra!
Am Fuß der Flanke, bei der Rütliwiese, tutete ein Dampfer. Dann erklang ein helles Lachen – zwei Mädchen, ihm einen Gruß zunickend, verschwanden im Hotel. Ach, ich alter Hund, dachte Keller, wie bin ich froh, dass mich die Flöhe der Leidenschaft nicht mehr jucken.
Oft kam die Schwermut mit einbrechender Dämmerung, deshalb war Keller entschlossen, seiner Gicht zum Trotz, noch eine Weile zu sitzen, zu trinken. Er fürchtete sich vor der pompösen Leere seines Zimmers. Dort würde er auf dem Doppelbett liegen, nicht viel größer als ein Kind, er würde die Decke betrachten und das im Dunkel sich auflösende Tapetenmuster, und dann, plötzlich, würde auf der Fußlade der Bettstatt sein schwarzer Vogel hocken, die Schwermut.
„Es timmeret“, bemerkte jetzt, ihm einschenkend, ein langbeiniger Herr Ober. Er war aus dem Innern herangestelzt, nun stellte er die Flasche auf den Beitisch zurück, räusperte sich in einen weißen Handschuh hinein und erwartete wohl, dass ihn der Gast in eine Unterhaltung zöge. Keller hütete sich. Das war ein Hiesiger, ein Innerschweizer.

Ihm, dem Stadtzürcher, waren Leute dieses Schlages fremd. Vor Zeiten hatten sie ihr Land den Vögten abgenommen, sie waren ihre eigene Herrschaft geworden. Und heute? Heute krochen sie hinter Comtessen her, hinter Bank- und Schlotbaronen, immer darauf bedacht, ein Trinkgeld zu kassieren. Die einst mächtigen Bauern hatten sich zu Knechten deformiert, zu Kellnern und Caddies.

Unter der zarten, letzten Himmelshelle schien das Land weit, groß und grau zu werden. Von den tiefer gelegenen Alpen tönte das Läuten der Herden herauf, und ein Senn mit kräftiger Stimme, die ein Holztrichter noch verstärkte, leierte seinen Betruf in den Abend hinaus. Der befrackte Ober stand jetzt an der Terrassenbrüstung; er schien dem Dampfer zuzusehen, der tief unter ihm den See durchfuhr.

Ich bin, sagte sich Keller, ein Greis. Er saß in einem Korbstuhl, die kurzen Beine von einem Plaid verdeckt, und trank, trank hastig, er trank, um froh zu bleiben, heiter. Es war kühl geworden, es wurde dunkel. Nur der See, als vermöchte er aus eigener Kraft zu leuchten, lag wie ein Spiegel aus Silber in der Tiefe einer gründunklen Schattenlandschaft. Keller lächelte. Er war alt, doch nicht verbittert. Er war allein, doch nicht einsam. Der Vogel, wagte er zu denken, hatte ihn zwar gestreift, doch nicht gepackt. Heute, am Vorabend seines Geburtstages, ließ ihn die Schwermut in Ruhe. Der Herr Ober steifte den Rücken, drehte sich um und sah herüber. Er schien etwas sagen zu wollen. Keller duckte sich. Aus dem Himmel, sah er, schwand das letzte Licht. Kein Stern, kein Mond. Irgendwo wurde ein Fenster geschlossen, ein Vorhang gezogen, und das Bimmeln der Herde tönte dumpf und fern.

Da, plötzlich, geschiehts:

Das nachtdunkle Land erwacht, die Seedörfer und Seitentäler beginnen zu läuten, nah ein Knistern, ein Geprassel, ein Feuer lodert auf, ein Höhenfeuer, und schon stehen alle Flanken, alle Gipfel in Flammen – das große Naturtheater der Innerschweiz hat sich mit einem Schlag illuminiert.

Sofort war es mit Kellers Frohlaune vorbei. „Was händ ächt die Tuble wider z fyre?“, knurrte er.

Der Lange kam näher.

Das sei ja bald kein Staat mehr, versetzte Keller, sondern eine Festhütte, und wollte schon das Plaid zurückwerfen und sich aus dem Korbstuhl hinausarbeiten. Da beugte sich der Lange zu seinem Ohr und zischelte: „Ein Dichtergeburtstag!“

„Wie bitte?“ Keller verschluckte sich.

Ja, fuhr der Ober leise fort, kaum zu glauben, doch leider die Wahrheit, mit diesem Aufwand an Holz, Feuer und Geläute werde ein gewisser Keller, Gottfried, Dichter aus Zürich, zum Siebzigsten geehrt und gefeiert – reichlich übertrieben wie er, der Herr Wendelin finde.

„So, so“, machte Keller.

Und Herr Wendelin, mit hämischem Unterton: „TRINKT, O AUGEN, WAS DIE WIMPER HÄLT, VON DEM GOLDENEN ÜBERFLUSS DER WELT!“

Keller riss die Brille ab, drückte Daumen und Zeigefinger gegen die Augen, aber er wusste, er sah es: Das war kein Traum, kein Suffgebilde, dieser Herr Ober, der ihn so frech und abschätzig zitiert hatte, stand lang und ein wenig nach Schweiß riechend neben seinem Stuhl. Keller konnte nicht anders, er musste ihn anglotzen. In dieser Tonart, erklärte nun der Lange, pflege der Jubilar zu dichten, der zitierte Vers habe heute morgen in allen Zeitungen gestanden. Trinkende Augen! Haltende Wimpern! Also ihm, dem Herrn Wendelin, sei das zu verstiegen und zu altmodisch, lyrisches Geflitter von gestern.

Der Dichter, für den das Land die Glocken erschallen und die Gipfel wie Fackeln leuchten ließ, griff mit alterszittriger Hand nach dem Glas. Sollte er lachen oder heulen? Der Lange nahm die leere Flasche vom Tisch und sah ihn fragend an.

„Ja", sagte Keller, „bringed no e Guttere!"

Er krallte seine Finger in die korbige Lehne. Ihm schwindelte. Jetzt war er da – der Vogel war da. „Habt Ihr nicht verstanden", rief Keller mit verzweifelter Kraft, „no e Guttere, noch eine Flasche, und zwar rasch!"

Auf seinen dünnen Beinen stakste der Lange davon. Ein kalter Luftzug, der vom See herauf und über die Terrasse stieg, ließ seine Frackstöße flattern. Keller schnaufte. Was tun? Fliehen!

Zu spät. Schon stand der Lange wieder bei ihm, zog nah an Kellers Ohr den Zapfen aus der Flasche und meinte keck, das sei kein schlechter Tropfen, dieser Gumpoldskirchner.

„Drum suuf en", sagte Keller.

Indes hatte der Dampfer am gegenüberliegenden Ufer abgelegt und zog in rascher Fahrt in nördlicher Richtung davon. Bald würde er nur noch ein trüber Lichtfleck sein, dachte Keller, und dann würde er von der Finsternis verschluckt werden. (...)

Erzählerisches Gestaltungsmittel	Belegstelle	Intention bzw. Wirkung
Asyndeton	vgl. Z. 6–9	summierende Beschreibung der erzählerischen Voraussetzungen
____________	„Flöhe der Leidenschaft" (Z. 17)	Ausdruck der Nichtigkeit sexueller Begierde
____________	„pompöse Leere" (Z. 2)	Ausdruck der ihn überwältigenden Einsamkeit (evtl. auch intendierte Schutzbedürftigkeit)

	„nicht viel größer als ein Kind“ (Z. 22)	Ausdruck der ihn überwältigenden Einsamkeit (evtl. auch intendierte Schutzbedürftigkeit)
	„schwarzer Vogel“ (Z. 24, vgl. auch Z. 82)	Bezeichnung für die Schwermut, Eigenschaft des Fliegen-Könnens als Hinweis darauf, dass die Schwermut ihn überall erreichen kann
	„schwarz“ (Z. 24)	Ausdruck der Trauer, konnotiert mit Tod
leitmotivische Anklänge	„Auf seinen dünnen Beinen stakste der Lange davon.“ (Z. 84)	
leitmotivisch verwendete Metapher	„Dampfer“ (Z. 15, 38, 91)	
Personifizierung	Dampfer, der von der Finsternis „verschluckt“ wird (Z. 91)	
	„hell“ (vgl. z. B. Z. 34: „Himmelshelle“) und „dunkel“ (vgl. z. B. Z. 93: „Finsternis“)	Gegenüberstellung von Leben und Tod
direkte Rede, teilweise im Schweizer Dialekt	vgl. Z. 25 u. ö.	

____________	„Bank- und Schlotbarone“ (Z. 31)	____________ ____________
Wiederholung, Klimax	„(er) trank, trank hastig, er trank, um froh zu bleiben, heiter“ (Z. 40)	____________ ____________
____________ ____________	vgl. Z. 43–49	Aufbau einer Erwartungshaltung und von Spannung
Tempuswechsel	vgl. Z. 50–54	____________
____________ ____________	vgl. Z. 58 f., Z. 62–65	zur deutlichen, auch formalen Distanzierung von der Meinung des Obers aus dem Blickwinkel Kellers
Ellipse	vgl. Z. 66	____________
literarisches Zitat	vgl. Z. 57 f.	____________
____________ ____________	„anglotzen“ (Z. 72)	Ausdruck der Überraschung über die Unverfrorenheit der unqualifizierten Äußerung des Obers
____________	„Glocken“/ „Gipfel“/„Glas“/ „Land“/„leuchten ließ“/„lachen“ (Z. 77 f.)	Zusammenhang zwischen den Feierlichkeiten und der Reaktion des Dichters auf die kritischen Bemerkungen des Obers

________________	„Jetzt war er da – der Vogel war da." (Z. 81 f.)	Unterstreichung der negativen Folgen des Gesprächs für Keller
Wiederholung, Emphase	„no e Guttere, noch eine Flasche" (Z. 82 f.)	________________ ________________
________________ ________________	„Was tun? Fliehen! Zu spät" (Z. 86 f.)	Hinweis auf die Notwendigkeit einer schnellen Entscheidung und Vergeblichkeit des Fluchtversuchs

▶ *Lösung Seite 83 ff.*

Übung 24 *Versuchen Sie, die Lücken in der darunter stehenden Tabelle zur erzählerischen Gestaltung von Borcherts* Nachts schlafen die Ratten doch *auszufüllen. Wenn Sie einen Begriff nicht kennen, schlagen Sie bitte im Glossar nach.*

Erzählerisches Gestaltungsmittel	Belegstelle	Intention und Wirkung
Metapher	„kleine Kuhlen" (Z. 69 und Z. 74)	________________
________________ ________________	„Ratten" (fünfmal), „Kaninchen" (achtmal)	Ratten stehen für Tod, treten beim Tod eines Lebewesens auf (direkte Verbindung in Z. 53 ff.) Kaninchen stehen dagegen für das Lebendige, Lebensfrohe Schlüsselwörter, die Assoziationen ermöglichen und Kontrastwirkung erzielen

Personifizierung, umgangssprachlicher Ausdruck	„Die Schuttwüste döste" (Z. 2 f.)	___ ___
Farbsymbole	„weiß" (Z. 79) „blaurot" (Z. 1) „rot" (Z. 88) „grün" (Z. 90) „etwas grau" (Z. 90 f.)	___ ___ ___ ___ ___
___	„hohle Fenster" (Z. 1) „vereinsamte Mauer" (Z. 1) „steilgereckte Schornsteinreste" (Z. 2) „ärmlich behoste Beine" (Z. 6)	Verstärkung des Eindrucks von Vernichtung, Armut und Vereinzelung
adverbial gebrauchte Adjektive (Antiklimax)	„mutig" (Z. 15), „verächtlich" (Z. 20), „geringschätzig" (Z. 25), „unsicher" (Z. 38), „zaghaft" (Z. 45), „traurig" (Z. 49)	___ ___ ___ ___
___	„rief" (Z. 84–86)	Aufregung verdeutlicht Begeisterung über neu gewonnene Lebensperspektive
___ ___	z. B. „Unser Lehrer" (Z. 56)	Sprache hat es „eilig", Alltagssprache, Erhöhung des Realitätseindrucks

► *Lösung Seite 87 f.*

1.3.5 Charakterisieren

Die (Haupt-)Figuren charakterisieren

Übung 25 *Welchen Eindruck macht auf Sie der Mann mit den Kaninchen in Borcherts Kurzgeschichte?*

- besserwisserisch
- geltungsbedürftig
- leidenschaftlich
- menschlich
- liberal
- mitleidlos
- herrisch
- großzügig
- unreflektiert
- erzieherisch
- dogmatisch
- klug
- sensibel
- unbesonnen
- unbeweglich
- unvernünftig
- …

Mehrfachnennungen und Ergänzungen sind möglich!
Bitte begründen Sie Ihre Ansicht!
▶ *Lösung Seite 89*

Um die Handlung und die Aussage eines Textes voll zu erfassen, ist es nötig, sich einen gründlichen Eindruck vor allem von den Hauptpersonen, aber auch von Nebenfiguren einer Geschichte zu verschaffen. Dem dient die Charakterisierung der Personen. Sie erfolgt sowohl innerhalb des betreffenden Textes als auch explizit im Interpretationsaufsatz.
In einem literarischen Text kann eine Figur **direkt**, d.h. durch Angaben anderer Figuren derselben Geschichte, aus denen der Leser Einsicht in die beschriebene Figur gewinnt, oder **indirekt**, d.h. durch Rückschlüsse aus dem Benehmen, den Worten und Taten der Figur, charakterisiert werden.

Übung 26 *Überlegen Sie, welche der folgenden Aspekte zur direkten und welche zur indirekten Charakterisierung einer literarischen Figur gehören und ordnen Sie die genannten Aspekte in die vorgegebene Tabelle ein!*

Direkte Charakterisierung	Indirekte Charakterisierung

Aussagen der Figur, die über ihre Wesensart Aufschluss geben – äußere Erscheinungsweise (Kleidung, Körperhaltung, Aussehen) – Beschreibung von Handlungen, Verhaltensweisen oder Äußerungen durch den Erzähler oder andere Figuren – Äußerungen der Figur über sich selbst – sozialer Stand der Figur – Verhalten und Handeln der Figur – Kommentierung von Handlungen, Verhaltensweisen oder Äußerungen durch den Erzähler oder andere Figuren

▶ *Lösung Seite 89*

Die Charakterisierung einer literarischen Person

Eine literarische Figur zu charakterisieren bedeutet, ihr Äußeres und ihre Wesensart, so wie sie im Text erscheint, zu beschreiben und von da aus Rückschlüsse auf die Aussageabsicht des Textes zu ziehen. Zur Beschreibung der äußeren Erscheinung gehören Selbstverständlichkeiten wie das **Geschlecht** und das **Alter** der Figur, aber auch **Aussehen, Kleidung** und **Habitus** (Haltung; Art des Auftretens). Von Bedeutung, vor allem auch in Beziehung zu anderen Figuren des Textes, ist die **soziale Situation: Herkunft, Beruf, Familienstand, soziales Umfeld, Freunde** sind hier wichtige Kriterien.

Neben diesen Gegebenheiten ist auch das **konkrete Verhalten** der jeweiligen Figur von Bedeutung: Wie verhält sie sich anderen gegenüber? Wie wird sie von anderen wahrgenommen? Wovon sind konkrete Verhaltensweisen bestimmt? Wie spricht die Figur, welche scheinbar nebensächlichen Eigenarten und Gewohnheiten zeigt sie?

Auch die **Interessen und Gefühle**, kurz die **seelische Disposition** der Figur sind von Bedeutung für die Charakteristik.

Charakteristiken sind **sachlich** und im **Präsens** zu verfassen.

Übung 27 *Im Folgenden werden einige der Charakterisierungsmerkmale des älteren Mannes aufgeführt, wie sie in Borcherts Text vorkommen. Ermitteln Sie daraus jeweils ein passendes Charaktermerkmal.*

Textbeleg	Charaktermerkmal
„etwas ärmlich behoste Beine" (Z. 6)	→ ________________
„einen älteren Mann" (Z. 8 f.)	→ ________________
„Der Mann setzte den Korb ab und wischte das Messer an seinem Hosenboden hin und her." (Z. 18 f.)	→ ________________
„Donnerwetter, ja!, sagte der Mann verwundert, bist ja ein fixer Kerl." (Z. 27)	→ ________________
„Dann weißt du ja auch, wie viel drei mal neun sind, wie?" (Z. 30 f.)	→ ________________
„Schade, der Mann bückte sich zu seinem Korb" (Z. 46)	→ ________________
„Ich gehe dann mit dir nach Hause, weißt du? Ich muss deinem Vater doch sagen, wie so ein Kaninchenstall gebaut wird. Denn das müsst ihr ja wissen." (Z. 81 ff.)	→ ________________

► *Lösung Seite 89 f.*

Übung 28 *Fertigen Sie nun eine zusammenhängende Charakteristik des älteren Mannes an. Achten Sie darauf, dass Sie sich bei Ihren Beobachtungen auf den Text beziehen!*
► *Lösung Seite 90*

Übung 29 *Lesen Sie noch einmal den Text* Dämmerschoppen *von Thomas Hürlimann und komplettieren Sie die Charakterisierungsangaben in der folgenden Tabelle.*

Gottfried Keller

Charaktermerkmal	Textbeleg
präzise direkte äußere Charakterisierung	
hohes Ansehen in der Bevölkerung	
altersbedingte Einschränkungen	
misanthropische und menschenscheue Züge	
Hang zu Vorurteilen	
Hang zur Melancholie	

Ober

Charaktermerkmal	Textbeleg
wenige Angaben über sein Äußeres	
gesprächsfreudig	
dienstbeflissen	
aufdringlich	

► *Lösung Seite 91 f.*

Übung 30 *Der folgende Text charakterisiert die Figur des Ich-Erzählers in Hürlimanns* Flug durch Zürich. *Lesen Sie den Text aufmerksam durch und versuchen Sie, die Leerstellen mit den korrekten Ausdrücken zu füllen. Achten Sie auch auf die Zitierweise im Text – Sie werden sich damit in Kapitel 4 eingehender befassen.*

Einzusetzende Ausdrücke: Auseinandersetzung / Fluchtversuch / Unsicherheit / Misstrauen / Verantwortung / Verstehen / selbstkritisch / Fluchtgedanken / Anonymität

Charakterisierung des Ich-Erzählers

Der Ich-Erzähler wird von der jungen Frau direkt angesprochen, dadurch kann er sich nicht mehr in der Menge der „Jemands" verbergen. Unwillkürlich reagiert er mit __________ (a): „bloß weg hier" (Z. 4). Die Zurückweisung der

___________ (b), sich um das Anliegen der Frau zu kümmern, begründet er damit, dass er verkatert sei (vgl. Z. 3 f.). Das Grinsen, mit dem er auf den Hilfeappell der Frau reagiert, zeigt seine ___________ (c); er weiß nicht, wie er reagieren soll, nachdem sein ___________ (d) gescheitert ist. Statt der Frau zu helfen, vermutet er einen Trick; dies zeigt sein ___________ (e) (vgl. Z. 10 f.). Dabei ist er durchaus ___________ (f), wenn er seine Reaktion zutreffenderweise als ein „Loskaufen" definiert (vgl. Z. 11). Als ihm klar ist, dass die Frau auf eine Reaktion wartet, beginnt er, sich um ein ___________ (g) zu bemühen: „Vielleicht, denke ich, hat sie tatsächlich Recht, verschatte die Augen, suche den Himmel ab, aber meiner ist leer" (Z. 27 f.). Da der Ich-Erzähler nicht erkennen kann, was die Frau meint, versucht er, eine eigene Erklärung für ihr Verhalten zu finden, und er findet sie in ihrer Drogenabhängigkeit (vgl. Z. 41 f.). Obgleich er der jungen Frau ein tödliches Ende prophezeit (vgl. Z. 43), entzieht er sich unmittelbar nach dieser Erkenntnis einer weiteren ___________ (h) mit ihrem Schicksal, indem er in die ___________ (i) der Masse zurückkehrt.

▶ *Lösung Seite 92*

Figurenkonstellation

Übung 31 *Welche Personen werden in* Flug durch Zürich *erwähnt?*

▶ *Lösung Seite 92*

> Die Beziehung der einzelnen Personen zueinander bezeichnet man als **Personenkonstellation**. Es ist sinnvoll, sich über die Personen und ihre Beziehungen zueinander einen Überblick zu verschaffen. Geeignet dazu sind eine Skizze oder ein Schaubild.

Übung 32 *Tragen Sie in das Schaubild die Figurennamen jeweils an den korrekten Stellen ein und begründen Sie Ihre Zuordnung, indem Sie ein treffendes Adjektiv oder Substantiv dazu notieren.*

▶ *Lösung Seite 92*

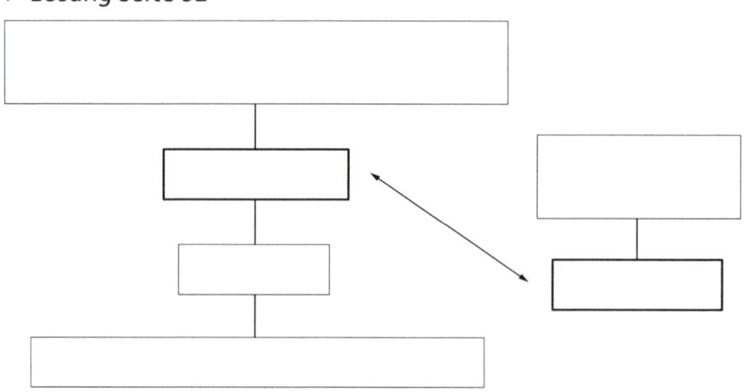

Übung 33 *Verfassen Sie einen kurzen Text zur Bedeutung der „Jemands" in* Flug durch Zürich.
▶ *Lösung Seite 93*

Übung

1.4 Die Interpretation einer Kurzgeschichte

Die bisherige Vorgehensweise entspricht der, die Sie bei der Bearbeitung einer entsprechenden Aufgabenstellung ausführen: Sie machen sich zunächst klar, um welches Thema es geht, erfassen dann Aufbau und Gliederung der Erzählung, beschreiben die Erzählweise und die Mittel der poetischen Gestaltung, charakterisieren die Figuren und ermitteln das Beziehungsgeflecht (Konstellation) der Figuren untereinander.

Übung 34 *Lesen Sie den folgenden Aufsatz zu Borcherts* Nachts schlafen die Ratten doch. *Die einzelnen Teile sind durcheinandergeraten. Gliedern Sie den Aufsatz, indem Sie die Gliederungspunkte den entsprechenden Textteilen zuordnen.*
▶ *Lösung Seite 93 ff.*

Übung

A. Einleitung
B. Hauptteil
I. Inhalt
II. Aussage
III. Erzählweise und sprachliche Gestaltung
IV. Interpretation des Schlusses
C. Schluss

Der Appell, solidarisch mit Notleidenden zu sein, lässt sich als allgemeingültige Lehre der Kurzgeschichte formulieren. Diese Allgemeingültigkeit macht sie fast zur Parabel für gelungenes menschliches Miteinander. Auch in der heutigen Zeit ist ein solcher Appell aktuell: Solidarität können Menschen üben, wenn sie z. B. Flüchtlinge aus Krisengebieten aufnehmen oder bei Naturkatastrophen tatkräftige Aufbauhilfe leisten. Borchert hat mit seiner Kurzgeschichte ein eindrucksvolles Beispiel dafür gegeben, wie jeder Einzelne mit einem geringen Aufwand dringend benötigte Hilfe leisten kann.

Der Verwirklichung dieser Intention dienen auch die zum Einsatz kommenden sprachlichen Mittel und die Erzählweise. Die Kurzgeschichte ist aus der personalen Erzählerspektive geschrieben, sie bedient sich überwiegend der Sichtweise des kleinen Jungen. Dadurch wird aus der Sicht eines Kindes eine eindringliche Beschreibung der Lebensverhältnisse in einer zerstörten Stadt erreicht, diese Eindringlichkeit resultiert auch aus der Verwendung bestimmter Attribute, z. B. in „hohle Fenster" (Z. 1) oder „ärmlich behoste Beine" (Z. 7). Die personale Erzählweise bewirkt zusammen mit einer Sprache, die durch einfache, meist parataktische Fügungen (vgl. Z. 56) und Wiederholungen (vgl. Z. 84–86) Eindruck von Eile erzeugt, eine direkte, distanzlose Darstellung der Realität und verstärkt dadurch auch die Wirkung des optimistisch anmutenden Endes.
Der Dualismus von Tod und Leben kommt bei der Betrachtung der sprachlichen Mittel zum Ausdruck: die Metapher „kleine Kuhlen" wird in Z. 69 zunächst mit Grab und Tod assoziiert, in Z. 74 f. steht sie dann in Verbindung mit „Kaninchen" für Leben und Fruchtbarkeit. Ratten und Kaninchen werden gleichfalls mit Tod und Leben in Verbindung gebracht. Der Text ordnet die Ratten in Z. 53 f. direkt dem Tod eines Lebewesens zu, dagegen stehen die Kaninchen nicht nur traditionell, sondern auch im Kontext von *Nachts schlafen die Ratten doch* für Fruchtbarkeit und Lebensfreude. Die häufige Wiederholung dieser beiden Tierarten im Sinne kontrastierender Schlüsselworte ist ein auffälliges sprachliches Merkmal der Kurzgeschichte.
Zu diesen Schlüsselworten tritt eine ausgeprägte Farbsymbolik: Zu Beginn der Geschichte wird durch Personifizierung und Umgangssprache die Vereinsamung des Individuums in der zerstörten Stadt verdeutlicht: „Das hohle Fenster in der vereinsamten Mauer gähnte blaurot voll früher Abendsonne. (...) Die Schuttwüste döste" (Z. 1–3). „Blaurot" ist zusammengesetzt aus der Farbe Blau, die allgemein als Farbe der Trauer gilt, und der Farbe Rot, die für das Leben stehen kann. In dieser Metapher kündigt somit die Verwendung der Farben Abschied und Neuanfang an.

Am Ende der Geschichte überwiegt das Rot der Sonne (vgl. Z. 88), das heißt, dass das Leben sich gegenüber dem Tod und der Vernichtung durchgesetzt hat. Die Sonne als Lebenssymbol lässt zusätzlich die Vermutung zu, dass das Ende der Geschichte von einer optimistischen Zukunftsperspektive bestimmt wird, auch wenn das grüne Kaninchenfutter – grün steht gleichfalls für das Leben – „etwas grau vom Schutt" (Z. 90 f.) ist. Die hinter dieser Symbolik zu formulierende Aussage lautet: Zerstörung lässt sich nicht aus dem Leben verbannen, aber die Lebensfreude soll überwiegen. Der Abschied des Mannes am Ende der Kurzgeschichte lässt die Frage offen, ob Jürgen geholfen wird; Andeutungen, die optimistisch stimmen, sind die Farbsymbole „rot" (Z. 88) und „grün" (Z. 90), aber auch die Metaphern „Kaninchenfutter"(Z. 90) und „Sonne" (Z. 88), die allesamt mit Leben in Verbindung gebracht werden können.
Auch die in Z. 80–83 formulierte Zukunftsperspektive lässt den Schluss zu, dass der Junge aus seiner Lage befreit wird. Der ältere Mann will Kontakt zu den Eltern des Jungen aufnehmen und ihnen beim Stallbau helfen; dieses Angebot ist auch als Zeichen der Solidarität in Notzeiten deutbar, die Menschen halten zusammen und arbeiten miteinander, um die Notsituation zu überwinden.

Die Kurzgeschichte *Nachts schlafen die Ratten doch* von Wolfgang Borchert handelt von der Begegnung zwischen einem neunjährigen Jungen, der seinen toten Bruder vor Ratten schützen möchte, und einem älteren Mann, der Kaninchen züchtet.

In einer vom Krieg zerstörten Stadt begegnet der ältere Mann Jürgen, der mit einem Stock in der Hand vor einem von einer Bombe getroffenen Haus sitzt. Zunächst versucht der Mann herauszubekommen, was Jürgen an dieser Stelle mache. Jürgen wehrt alle Fragen ab und meint, er könne ihm keine Auskunft darüber geben. Dann teilt der Mann Jürgen mit, dass er in seinem Korb Kaninchenfutter habe, das er seinen 27 Kaninchen bringen wolle. Jürgens Interesse ist nun zwar geweckt, das Angebot, die Kaninchen sehen zu dürfen, schlägt er jedoch wieder mit der Begründung aus, dass er aufpassen müsse.

Die erneute Weigerung Jürgens veranlasst den Mann zum Aufbruch. Da offenbart ihm Jürgen, dass er darauf Acht gebe, dass Ratten seinem toten Bruder, der im Schutt des Hauses liegen soll, nichts antun. Der Mann entgegnet darauf, dass Ratten doch nachts schliefen und dass Jürgen daher ohne weiteres nach Hause gehen könne.

Diese Nachricht überzeugt Jürgen; am Ende der Geschichte geht er auf das Angebot des Mannes ein, sich von ihm nach Hause bringen zu lassen, wenn die Dunkelheit einbricht. Der Mann verabschiedet sich mit dem Versprechen, in kurzer Zeit mit einem weißen Kaninchen für Jürgen zurückzukommen und mit dem Jungen nach Hause zu gehen, um den Eltern beim Bau eines Stalls zu helfen.

Wolfgang Borchert erzählt ein Ereignis, das sich in einer nicht näher bestimmten Stadt während der Kriegs- oder Nachkriegszeit zuträgt. Deutlich zum Ausdruck kommt der Zwiespalt zwischen Tod und Zerstörung auf der einen und dem Leben auf der anderen Seite. Das von dem Mann geweckte Interesse des Jungen an Kaninchen könnte auf einen optimistischen Appell Borcherts hindeuten, sich trotz der gegenwärtigen Zerstörungen dem Leben zuzuwenden.

Übung

Übung 35 *Wie könnte die Aufgabenstellung lauten, die zu diesem Aufsatz geführt hat?*

► *Lösung Seite 95*

Beachten Sie, dass es dem inneren Zusammenhalt und der Transparenz der Gliederung dient, wenn Sie einleitende Formulierungen verwenden wie etwa: „Der Verwirklichung dieser Intention dienen auch die zum Einsatz kommenden sprachlichen Mittel und die Erzählweise" oder „Sieht man auf das Ende der Geschichte ..." oder „Als allgemeingültige Lehre lässt sich ableiten, ...".

Übung 36 *„Was kommt nur in den Schluss? Wie höre ich auf?" – Diese Frage wird beim Schreiben eines Interpretationsaufsatzes oftmals zum Problem. Hilfreich ist es, wenn man sich über die Funktion des Schlusses klar wird, die darin besteht, ein Thema abzurunden. In den folgenden Beispielen finden Sie verschiedene Formen von Schlüssen. Analysieren Sie, wie der jeweilige Schluss gestaltet ist.*

1) Feiern zu Ehren von klassischen Dichtern dienen nicht nur der Pflege der Tradition, sondern sie führen dem Menschen auch zeitlos gültige sittliche Wertvorstellungen vor, die den Menschen im Innersten ansprechen und deren Relevanz gerade im Zusammenleben in einer immer unübersichtlicher werdenden Welt erwiesen wird. In einer Zeit, in der die Anwendung technologischer Errungenschaften die Gefahr einer Veräußerlichung des Lebens mit sich bringt, gibt uns die Literatur der Klassik eine Ahnung zurück von den Werten des wahren Menschseins, wie sie sich in Mitmenschlichkeit, Ehrlichkeit, Toleranz und Religiosität zeigen.

2) Erzählweise und Thema erinnern an expressionistische Erzählungen, die das Thema „Liebe" bearbeiten. Als Beispiele seien August Stramms *Warten* und Gustav Sacks *Im Heu* genannt. Vergleichspunkte sind sowohl die Thematisierung von Erotik als auch die Verschränkung von inneren und äußeren Handlungsebenen.

3) Die neuen Medien (Fernsehen, Internet) haben vielfach die geschilderte Funktionen des Theaters übernommen; das Theater muss also eine eigene Position finden, indem es sich auf die ihm eigenen Qualitäten besinnt, die andere Medien nicht bieten (Theater als Gemeinschaftserlebnis, unmittelbare Ansprache des Publikums, ästhetisches Vergnügen, z. B. bei Opern, Ballett). Das Theater sollte sich auch nicht scheuen, die neuen Übertragungsmöglichkeiten, beispielsweise des Internets, zu nutzen. Dadurch erreichen die Stücke ein größeres Publikum, sodass das Theater seine in allen dramentheoretischen Entwürfen zum Ausdruck kommende Funktion als kritischer Spiegel gesellschaftlicher Entwicklungen auch in Zukunft wahrnehmen kann.

4) Im Dokumentartheater spielt das Aufgreifen eines historischen Stoffes eine wichtige Rolle bei der Auseinandersetzung mit der Vergangenheit. Insbesondere die Dramen von Heinar Kipphardt, *Bruder Eichmann* (1982), Rolf Hochhuth, *Der Stellvertreter* (1963), und Peter Weiss, *Die Ermittlung. Oratorium in zwölf Gesängen* (1965), beschäftigen sich mit der Zeit der nationalsozialistischen Diktatur. Sie haben eine breite öffentliche Diskussion angeregt und damit zur Bewusstseinsbildung beigetragen.

5) Der Appell, solidarisch mit Notleidenden zu sein, lässt sich als allgemeingültige Lehre der Kurzgeschichte formulieren. Diese Allgemeingültigkeit macht sie fast zur Parabel für gelungenes menschliches Miteinander. Auch in der heutigen Zeit ist ein solcher Appell aktuell: Solidarität können Menschen üben, wenn sie z. B. Flüchtlinge aus Krisengebieten aufnehmen oder bei Naturkatastrophen tatkräftige Aufbauhilfe leisten. Borchert hat mit seiner Kurzgeschichte ein eindrucksvolles Beispiel dafür gegeben, wie jeder Einzelne mit einem geringen Aufwand dringend benötigte Hilfe leisten kann.
▶ *Lösung Seite 95*

Übung 37 *Interpretieren Sie in Form eines fortlaufenden Aufsatzes Hürlimanns Kurzgeschichte* Flug durch Zürich*. Gliedern Sie Ihren Aufsatz zunächst mit Hilfe der in Übung 34 angegebenen Gliederungspunkte. Formulieren Sie einen Schluss, der die Erzählung gattungsgeschichtlich einordnet und einen aktuellen Appell enthält.*
▶ *Lösung Seite 96 f.*

Übung 38 *Handelt es sich bei Hürlimanns* Dämmerschoppen *um eine Kurzgeschichte? Begründen Sie Ihre Antwort mit Bezug auf die Ihnen bekannte Definition dieser Gattung.*
▶ *Lösung Seite 98*

Hinweis: Weitere Kurzgeschichten samt den ausgearbeiteten Lösungsvorschlägen finden Sie im dritten Band der Lernhilfen-Reihe *Wie interpretiere ich Fabeln, Parabeln und Kurzgeschichten? Übungen mit Lösungen.*

2. Die Fabel

2.1 Was ist eine Fabel?

Eine Definition besagt: „Fabel (…) im engeren Sinne (Äsopische F.) selbstständige kurze episch-didakt. Gattung der Tierdichtung in Vers oder Prosa, die eine allg. anerkannte Wahrheit, e. moral. Satz, e. prakt. Lebensweisheit an Hand e. überraschenden, doch analogen Beispiels in uneigentlicher Darstellung veranschaulicht und bes. aus der Übertragung menschl. Verhältnisse, Sitten, auch der Rede, auf die beseelte oder unbeseelte Natur (Pflanzen, Steine, bes. Tiere) witzig-satir. oder moral.-belehrende Effekte erzielt. Die Tier-F. erspart durch Benutzung der feststehenden, allg. anerkannten Charaktereigenschaften der einzelnen Tiere (List des Fuchses, Majestät des Löwen u. ä.) eine vorgegebene Charakterschilderung. E. bes. Erläuterung der Nutzanwendung im Nachwort (Epimythion) ist meist nicht erforderlich, da die Kontinuität des Vergleichs in allen Teilen trotz der logisch unmöglichen Verhältnisse (im Ggs. zur bloßen Übereinstimmung in einem Punkt bei Parabel und Gleichnis) den Sinn der Darstellung erkennen lässt." (Wilpert 1989, S. 282 f.)

Übung 39 *Erschließen Sie die in dieser Definition genannten wesentlichen Merkmale einer Fabel mit der Hilfe folgender Textfragen:*

- *Was versteht man unter „uneigentlicher Darstellung"?*
- *Warum kann die Fabel auf eine genaue Schilderung der Figurencharaktere verzichten?*
- *Was ist der Unterschied zwischen einer Fabel und einer Parabel?*
- *Welche Funktion hat eine Fabel?*

► *Lösung Seite 98*

Übung

Zur Interpretation einer Fabel gehören die folgenden Aspekte:
Inhalt und **Aufbau** des Textes, Bestimmung des **Themas**, evtl. Analyse des Argumentationsgangs sowie der Raum- und Zeitstruktur und der Charaktere, Bestimmung und Untersuchung der zentralen **Motive**, Analyse von **Sprache, Stil, erzählerischen Mitteln** und die Bestimmung der **Aussage**.

Info

Diese Aspekte sollen im Folgenden an zwei Texten eingeübt werden: An Martin Luthers *Wolf und Lämmlein* und Gotthold Ephraim Lessings *Der Wolf und das Schaf* werden die Schritte der Interpretation systematisch eingeübt. An der Fabel *Die Kaninchen, die an allem schuld waren* von James Thurber können Sie diese dann eigenständig zur Anwendung bringen.

2.2 Texte von Fabeln

Übung

Übung 40 *Lesen Sie langsam die folgenden Fabeln. Machen Sie auch bei diesen kurzen Texten öfters eine Lesepause und rekapitulieren Sie, was genau der Inhalt des gerade Gelesenen war. Markieren Sie sich mit einem Stift bereits während des Lesens Stellen, die Ihnen auffallen.*

a) Martin Luther: *Wolf und Lämmlein*

Lesetext

Martin Luther (1483–1546)
Wolf und Lämmlein (ca. 1530)

Ein Wolf und Lämmlein trafen sich zufällig an einem Bach, um zu trinken. Der Wolf trank oben am Bach, das Lämmlein aber weit entfernt unten. Als der Wolf das Lämmlein sah, lief er zu ihm und sprach: „Warum trübst du mir das Wasser, dass ich nicht trinken kann?“ Das Lämmlein antwortete: „Wie kann ich dir das Wasser trüben? Du trinkst doch oberhalb und könntest es mir eher trüben.“ Da sprach der Wolf: „Wie, beleidigst du mich auch noch?“ Das Lämmlein antwortete: „Ich beleidige dich nicht.“ Daraufhin sagte der Wolf: „Dein Vater hat das vor sechs Monaten ebenfalls getan, und du willst dich als Vater zeigen.“ Das Lämmlein antwortete: „Damals war ich noch nicht geboren. Warum soll ich für meinen Vater büßen?“ Da sprach der Wolf: „Du hast mir aber meine Wiesen und Äcker abgenagt und verdorben.“ Das Lämmlein antwortete ihm: „Wie kann das möglich sein, da ich doch noch keine Zähne habe?“ – „Nun gut“, sagte der Wolf, „auch wenn du gut begründen und reden kannst, werde ich doch heute nicht ohne Fressen bleiben.“ Und er würgte das unschuldige Lämmlein und fraß es auf.

Lehre: So ist der Lauf der Welt. Wer fromm sein will, muss leiden, wenn einer Streit sucht. Denn Gewalt steht über dem Recht. Wenn man dem Hund übel will, hat er das Leder gefressen. Wenn der Wolf es so will, ist das Lamm im Unrecht.

b) Gotthold Ephraim Lessing: *Der Wolf und das Schaf*

Lesetext

Gotthold Ephraim Lessing (1729–1781)
Der Wolf und das Schaf (1759)

Der Durst trieb ein Schaf an den Fluss; eine gleiche Ursache führte auf der anderen Seite einen Wolf herzu. Durch die Trennung des Wassers gesichert und durch die Sicherheit höhnisch gemacht, rief das Schaf dem Räuber hinüber: „Ich mache dir doch

das Wasser nicht trübe, Herr Wolf? Sieh mich recht an; habe ich dir nicht vor sechs Wochen nachgeschimpft? Wenigstens wird es mein Vater gewesen sein.“
Der Wolf verstand die Spötterei; er betrachtete die Breite des Flusses und knirschte mit den Zähnen. „Es ist dein Glück“, antwortete er, „dass wir Wölfe gewohnt sind, mit euch Schafen Geduld zu haben“, und ging mit stolzen Schritten weiter.

Übung 41 *Notieren Sie, was Ihnen nach der Lektüre der Fabeln durch den Kopf geht: Sprechen die Geschichten Sie an? Finden Sie die Geschichten vielleicht etwas seltsam? Versuchen Sie zu begründen, warum Sie zu diesem Urteil kommen.*

Übung

2.3 Interpretationsschritte

2.3.1 Textzusammenfassung und Inhaltsangabe schreiben

Auch bei Fabeltexten ist die Inhaltsangabe ein sinnvoller und wichtiger erster Schritt zur Interpretation. Bei der zusammenfassenden Wiedergabe eines Textes vergewissert man sich des eigenen Verständnisses; zugleich wird einem durch die Aufgabe der Zusammenfassung auch klar, was man nicht verstanden hat und was man daher noch einmal lesen sollte. Die Kürze von Fabeln erweist sich auf den ersten Blick als Vorteil bei der Erstellung der Inhaltsangabe, auf den zweiten Blick erkennt man allerdings, dass sie aufgrund ihrer Kürze zuweilen kaum in noch knapperer Form zusammengefasst werden können.
In die folgende Textzusammenfassung von Luthers *Wolf und Lämmlein* wurden absichtlich mehrere Fehler eingebaut:

Es war einmal, dass der Wolf dem Lamm vorwarf, dass es ihm das Wasser des Flusses trüb machen würde, aus dem sie tranken. Das Lamm entgegnet darauf: „Das ist doch gar nicht möglich, da der Wolf oberhalb trinkt.“ In der gleichen Weise formulierte der Wolf dann noch drei weitere verrückte Vorwürfe: Das Lamm bzw. sein Vater habe ihn beleidigt, außerdem würde es ihm Äcker und Wiesen unbrauchbar machen. Das Lamm sah dann seine Schuld ein und akzeptierte die gerechte Strafe, es wird vom Wolf gefressen. Der Erzähler formuliert als Lehre, dass es gut ist, wenn man erkennt, wenn man im Unrecht ist.

Übung 42 *Korrigieren Sie, was Ihnen an der Inhaltsangabe nicht gelungen erscheint!*

Übung

Für die Inhaltsangabe am Beginn einer Interpretation gilt Folgendes:

Inhaltsangabe
Im Einleitungsteil der Interpretation steht eine knappe Inhaltsangabe, die das Textverständnis sicherstellen und zugleich ein Vorverständnis für die Interpretation ermöglichen soll. Zu beachten ist:
- Wiedergabe der **wichtigsten** Handlungen und Handlungsschritte sowie Nennung der wichtigsten Personen
- Textwiedergabe in eigenen Worten
- objektiv-distanzierende Schreibhaltung, d.h. Verzicht auf wörtliche Rede und andere möglicherweise spannungssteigernde Elemente
- keine persönliche Kommentierung des Geschehens
- Tempus: Präsens
- Kürze: Weglassen aller überflüssigen Details

Übung 43 *Überarbeiten Sie nun unter Berücksichtigung der genannten Kriterien nochmals die Textzusammenfassung auf Seite 41 zu Luthers* Wolf und Lämmlein.
► *Lösung Seite 99*

Wenn die Einleitung ein erstes „Tor" zur Interpretation ist, so ist der **einleitende Satz** der „Schlüssel" dazu. Er hat die Aufgabe, den Leser auf die Interpretation einzustimmen und muss somit sachlich und – soweit möglich – spannend sein.

Übung 44 *Prüfen Sie folgende einleitende Sätze und ordnen Sie ihnen die richtige Beurteilung zu:*
► *Lösung Seite 99*

einleitende Sätze	Beurteilung
a) *In der Fabel* Wolf und Lämmlein *von Martin Luther geht es um die Macht des Arguments und die Macht der physischen Überlegenheit.*	1) … vergisst, Autor und Titel zu nennen, erwähnt nur eine Figur
b) *In der Fabel geht es um ein Schaf, das getötet wird.*	2) … nennt Autor und Titel, umreißt knapp das Thema

c) Die Fabel spricht von Machtausübung.	3) ... vergisst, Titel und Textgattung zu nennen und umreißt mehr den Inhalt als das Thema
d) In der Geschichte von Luther geht es um ein Gespräch zwischen einem Wolf und einem Schaf.	4) ... bestimmt das Thema ungenau und beschränkt sich auf dieses

Übung 45 *Welcher Satz erscheint Ihnen am geeignetsten für die Einleitung? Formulieren Sie eigenständig einen Einleitungssatz!*
▶ *Lösung Seite 99*

Einleitungssatz
Der einleitende Satz soll einen ersten Eindruck vom Text vermitteln, indem er auf das **Thema** hinweist. Darüber hinaus kann er schlaglichtartig auf die Handlung oder auf Schwerpunkte der folgenden Untersuchung hinweisen. Auf jeden Fall müssen **Textart, Titel, Autor** und ggf. **Entstehungs- oder Erscheinungsdatum** des Textes genannt werden.

Übung 46 *Teilen Sie die Fabel von Martin Luther* Wolf und Lämmlein *in voneinander unterscheidbare Sinnabschnitte ein. Finden Sie für jeden Abschnitt passende Beschreibungen in wenigen Worten.*
▶ *Lösung Seite 99 f.*

Übung 47 *Teilen Sie die Fabel von Gotthold Ephraim Lessing* Der Wolf und das Schaf *in voneinander unterscheidbare Sinnabschnitte ein. Finden Sie für jeden Abschnitt passende Beschreibungen in wenigen Worten.*
▶ *Lösung Seite 100*

Übung 48 *Fügen Sie die einzelnen Sätze aus der Übung 47 zu einer vollständigen Inhaltsangabe zusammen.*
▶ *Lösung Seite 100*

2.3.2 Aufbau erfassen

Dem Verständnis eines Textes nähert man sich also im ersten Schritt über die Zusammenfassung. Im zweiten Schritt geht es darum, den **Aufbau** zu erfassen. Charakteristisch für den Aufbau einer Fabel sind die folgenden Teile: Vorwort („Promythion"), Hauptteil, Lehre („Epimythion"). Mögliche Fragen zum **Aufbau** sind daher z. B.:

- Lassen sich **Hauptteil** und **Schluss bzw. Lehre** klar voneinander unterscheiden?
- Gibt es erkennbare **Argumentationsschritte**?
- Wird eine **Vorgeschichte** zur Handlung erzählt? Wie **ausführlich** ist die Vorgeschichte?
- Gibt es ein **„offenes"** oder ein **„geschlossenes" Ende**?
- Wird überhaupt eine **Lehre** („Epimythion") formuliert?

Über den Aufbau des Textes hinaus ist es gut, wenn **Beziehungen innerhalb des Textes** aufgezeigt werden können. Hierbei ist besonders das **Verhältnis zwischen Anfang und Ende** von Bedeutung. Haben die Handlung oder die sie tragenden Figuren eine Entwicklung durchlaufen? Besteht zwischen Anfang und Ende das Verhältnis einer Entsprechung oder das eines **Widerspruchs**? Ist die Struktur eine **linear-fortschreitende** oder eine **kreisförmige**?

Übung 49 *Wenden Sie die Hilfsfragen zur Ermittlung des Aufbaus auf die Fabel* Wolf und Lämmlein *von Martin Luther an.*
▶ *Lösung Seite 100*

Übung 50 *Formulieren Sie nun eine fortlaufende Inhaltsangabe zu Luthers Text, die auch den Aufbau berücksichtigt.*
▶ *Lösung Seite 101*

Der Inhalt eines erzählenden Textes ist nicht mit dem Thema zu verwechseln! Den Unterschied kann man sich gut anhand der Inhalts- und der Themenfrage deutlich machen:

Was wird erzählt?
→ **Inhaltsfrage**, wird beantwortet durch Textzusammenfassung und Aufbau
Wovon handelt die Geschichte?
→ **Themenfrage**, wird beantwortet im einleitenden Satz bzw. im Rahmen der Einleitung

Übung 51 *Welche der folgenden Themenbestimmungen trifft Ihrer Ansicht nach zu? Begründen Sie Ihre Meinung.*

Thema der Fabel Der Wolf und das Schaf *von Gotthold Ephraim Lessing ist*
a) die Arroganz von Schwächeren,
b) das Selbstbewusstsein von Mächtigen,
c) humanes Handeln in Zeiten der Not,
d) ein historisches Ereignis aus der Geschichte.
▶ *Lösung Seite 101*

Übung 52 *Versuchen Sie, die Lehre der Fabel* Der Wolf und das Schaf *von Gotthold Ephraim Lessing zu bestimmen.*
▶ *Lösung Seite 101*

2.3.3 Die Erzählweise

Die klassische Erzähltextanalyse beschreibt die Merkmale eines erzählenden literarischen Textes anhand der zentralen Kriterien „Erzähler", „Zeit", „Rede- und Bewusstseinsformen".

Wiederholen Sie diese Begriffe zunächst mit Übung 13 auf Seite 17 f.

Übung 53 *Bestimmen Sie Zeit und Erzählperspektive in den beiden Fabeln.*
▶ *Lösung Seite 101*

Übung 54 *Welche Funktion könnte in Luthers Fabel die Einnahme dieser Erzählperspektive haben?*
▶ *Lösung Seite 101*

2.3.4 Sprache und Stil als poetische Gestaltungsmittel analysieren

Die Analyse von Sprache und Stil können Sie in Übung 17 auf Seite 19 trainieren. Darüber hinaus sind Kürze und Prägnanz die wichtigsten Stilelemente einer Fabel. Eine zentrale Stellung nehmen so genannte „Schlüsselworte" des Bildteils ein. Im Fall der beiden vorliegenden Fabeln sind diese Schlüsselworte „Lamm" bzw. „Schaf" und „Wolf", zuweilen können auch Gegenstände oder Pflanzen zu Schlüsselwörtern werden. Da eine Fabel ihre didaktisch-moralische Intention jeweils in der Zuordnung der Schlüsselwörter auf den menschlichen Bereich („Sachteil") realisiert, ist eine genaue Charakterisierung der Hauptfiguren notwendig.

2.3.5 Charakterisieren

Die (Haupt-)Figuren charakterisieren

Im Unterschied zu Kurzgeschichten (vgl. Übungen 26–30) arbeiten Fabeln weniger mit direkten oder indirekten Charakterisierungen. Der Grund dafür liegt darin, dass die Figuren mit ihren stereotypen Charaktereigenschaften bereits von vornherein definiert sind, d. h. der Fuchs steht für Schläue, der Rabe für Gier, der Löwe für Stärke, der Esel für Dummheit. Die im Bildteil verkörperten Eigenschaften entsprechen jeweils auf der Sachteilebene den menschlichen Eigenschaften, die angesprochen werden sollen. Indirekte oder direkte Charakterisierungsmerkmale unterstützen die stereotypen Charaktereigenschaften jeweils lediglich, sie treten insbesondere in der Figurenkonstellation zutage.

Figurenkonstellation

Übung 55 *Beurteilen Sie, welche Charaktermerkmale nach Ihrer Lektüre der Luther-Fabel zutreffend sind.*

Lamm
- mit Mut und Glauben an die Überzeugungskraft rationaler Argumente,
- mit frommem Gottvertrauen,
- mutig, im Vertrauen auf die eigene körperliche Überlegenheit,
- nicht pragmatisch, denn es verkennt die lebensgefährliche Lage, in der es seit der Anwesenheit des Wolfes ist,
- realistische Einschätzung der Situation,
- Wahrheits- und Gerechtigkeitssinn bewirken zusammen mit dem Glauben, dass die allgemeine Logik auch für den Mächtigen gilt, seinen Untergang.

Wolf
- geduldig, aufmerksam und wohlwollend,
- als hungriges machtbewusstes Tier, sucht zunächst Angriff auf Schaf durch Argumente zu legitimieren,
- vertraut auf seinen scharfen Verstand,
- kann sich vielleicht nicht richtig ausdrücken,
- unterliegt im Disput, schafft sich sein Recht selbst im Vertrauen auf seine Kraft.

▶ *Lösung Seite 102*

Übung 56 *Charakterisieren Sie nun die Figuren in der Fabel von Lessing.*
▶ *Lösung Seite 102*

Übung 57 *Die Charakter-Stereotypen für das Lamm sind Schwachheit und Dummheit, die für den Wolf sind Heimtücke und Stärke. Überlegen Sie, inwiefern diese Stereotypen in den Fabeln zutreffen.*
▶ *Lösung Seite 102*

2.4 Die Lehre

Eine Fabel enthält entweder eine ausformulierte Lehre oder eine unausgesprochene Lehre, die erschlossen werden muss. Die unausgesprochene Lehre ergibt sich aus der Figurenkonstellation und ihrer Übertragung in den menschlichen Bereich.

Übung 58 *Formulieren Sie die Lehre der Luther-Fabel mit Bezug auf die Schlüsselwörter.*
▶ *Lösung Seite 102*

Übung 59 *In der Lessing-Fabel wird die Lehre nicht ausdrücklich formuliert. Sie muss erschlossen werden. Versuchen Sie, einen eigenen Schlusssatz für diese Fabel zu erfinden, in dem die Lehre ausgedrückt wird.*
▶ *Lösung Seite 103*

2.5 Die Interpretation einer Fabel

Die Interpretation einer Fabel wird wie die eines jeden literarischen Textes von der Zugangsweise bestimmt, die man wählt. In der Schule werden Sie es zumeist mit textimmanenten oder historisch orientierten Zugangsweisen zu tun haben.

Übung 60 *Informieren Sie sich über die politische Situation in den Zeiten, in denen Luther und Lessing ihre Fabeln verfasst haben. Man bezeichnet sie als „Reformation" bzw. „Zeit der Aufklärung". Sie können dafür Ihr Geschichtsbuch oder den unten stehenden Beitrag „Frühe Neuzeit" aus der „Wikipedia", einer freien Enzyklopädie (http://de.wikipedia.org/wiki/Hauptseite) im Internet verwenden; beachten Sie bei allen Internet-Angeboten stets, dass Informationen nicht ungeprüft übernommen werden dürfen.*
▶ *Lösung Seite 103*

Lesetext

In politischer Hinsicht wirkt die Auseinandersetzung zwischen Protestantismus und Katholizismus für die Frühe Neuzeit prägend, die in den Dreißigjährigen Krieg mündet. Die politische Seite ist eine Wesentliche, die man unter dem Begriff Konfessionalisierung einordnet. Insgesamt ist das ein tief greifender Wandel, der alle Lebensbereiche der frühneuzeitlichen Gesellschaft umfasst. Man begreift das auch als einen Modernisierungsprozess. Wir haben einen neuen Typus eines Staates zumindest im Heiligen Römischen Reich Deutscher Nation. Der frühneuzeitliche Staat ist ein Territorialstaat mit einem Territorialherrn. Dieser unterscheidet sich von den mittelalterlichen Gebilden dadurch, dass der Grundherr sich ausschließlich als Lehnsherr oder Vasall des Monarchen sieht, während der Territorialherr als ein Souverän seines Landes auftritt. Insgesamt haben wir mit dem Prozess der Konfessionsbildung den der Modernisierung zu sehen. Die hierbei auftretenden Kämpfe bringen eine Neuordnung in Europa, die sowohl Altgläubige wie auch Protestanten als gleichberechtigte Religionsgemeinschaften anerkennt. Die absolute Vormachtstellung des katholischen Spaniens wird schrittweise zurückgedrängt. Die prägende Staatsform der Frühen Neuzeit ist der Absolutismus, die auch mit dem Aufkommen einer neuen Wirtschaftsform, dem Merkantilismus, einhergeht. Der Absolutismus äußert sich hauptsächlich im Selbstverständnis des Monarchen gegenüber seinen Untertanen. König Ludwig XIV. von Frankreich, genannt auch der Sonnenkönig, vertritt die Ansicht, „Der Staat bin ich." König Friedrich II. von Preußen als Vertreter des „aufgeklärten Absolutismus" versteht sich als der „oberste Diener des Staates." In die Frühe Neuzeit (und nicht etwa ins Mittelalter) fällt auch die Zeit der großen Hexenverfolgung. Zum Ende dieser Epoche kommen Prozesse der Demokratisierung der Gesellschaft zum Durchbruch. Das äußert sich am markantesten im Nordamerikanischen Unabhängigkeitskrieg und in der Französischen Revolution, die beide zu demokratischen Neuordnungen der Gesellschaft führen. Das äußert sich an einem neuen Staatsaufbau, bei dem der Adel seine politische Führungsrolle verliert, wie auch einer auf einer demokratischen Verfassung basierenden Rechtsordnung.

(Quelle: http://de.wikipedia.org/wiki/Fr%C3%BChe_Neuzeit, Abruf am 18. 08. 2005)

Übung

***Übung 61** Versuchen Sie, aufgrund der historischen Informationen die zeitgenössische und die heutige Aktualität der Lehren der beiden Fabeln einzuschätzen.*

► *Lösung Seite 103*

Übung 62 *Lesen Sie den folgenden Interpretationsaufsatz* über die beiden Fabeln. Die einzelnen Teile sind durcheinandergeraten. Gliedern Sie den Aufsatz, indem Sie die Gliederungspunkte den entsprechenden Textteilen zuordnen.*

► *Lösung Seite 103 ff.*

A. Einleitung
B. Hauptteil
I. Interpretation von *Wolf und Lämmlein*
1. Inhalt/Aussage
2. Charakterisierung
3. Schlüsselbegriffe/Realitätsbezug
II. Interpretation von *Der Wolf und das Schaf*
1. Inhalt/Aussage
2. Charakterisierung
3. Schlüsselbegriffe/Realitätsbezug
III. zusammenfassender Vergleich
1. Gemeinsamkeiten
2. Unterschiede

Die Schlüsselbegriffe dieser Fabel, die die Verbindung zwischen Bild- und Sachteil herstellen, liegen auf der Hand: „Wolf" und „Lamm" tragen menschliche Eigenschaften. Der Wolf steht auf der Sachteilebene allgemein für Mächtige, die selbst definieren, was Recht und Gerechtigkeit ist. Das Lamm bzw. Schaf steht allgemein für Unterdrückte, die unter Mächtigen zu leiden haben. Dies wird besonders in Luthers Fabel deutlich. Luther lässt seinen auktorialen Erzähler auch mit dem resignierenden Satz: „So ist der Lauf der Welt" (Z. 15) kommentierend zu Wort kommen. Der Erzähler ist offensichtlich parteiisch und kritisiert den Mächtigen, der das „unschuldige" (Z. 13) Opfer einfach umbringt.
Der politische Hintergrund der Fabeln ist die Ständegesellschaft des 16. Jahrhunderts, in der die Rechte des Untertanen nicht durch Verbände, Parteien oder Gewerkschaften vertreten wurden und in der der politisch Schwache dem Mutwillen des Mächtigen unterworfen war. Luthers Fabel betont das Ausgeliefertsein des Untertanen und die Ungerechtigkeit der Mächtigen; ihre Lehre macht nachdenklich, sie dürfte aber für die Menschen im 16. Jahrhundert keine neue Erkenntnis dargestellt haben.

* Dieser Aufsatz ist noch nicht ganz vollständig, da ein Schluss fehlt. Wie man ihn verfasst, lernen Sie auf Seite 53 in der Übung 64.

Die Situation in der rund 200 Jahre später entstandenen Fabel von Lessing ist eine ganz andere: Das Schaf ist durch einen breiten Fluss vor dem Wolf geschützt. Diese Sicherheit veranlasst es zu drei spöttischen Bemerkungen, die sich auf die Trübung des Wassers und die schon aus der Luther-Fabel bekannten Beleidigungen beziehen. Der Wolf reagiert auf den Spott, den er im Moment nicht sanktionieren kann, mit Stolz und dem Hinweis auf seine Geduld.
Die Aussage der Fabel lässt zwei Deutungsmöglichkeiten zu: Zum einen kann man den Sieg des Schafes feststellen, das seine unangreifbare Lage zur „Rache" für erlittene Verfolgung ausnutzt, zum anderen macht die Antwort des Wolfs wahrscheinlich, dass der Sieg des Stärkeren nur eine Frage der Zeit ist. Irgendwann wird kein breiter Fluss dem Schaf das Leben retten.

Martin Luthers Fabel wird von dem Disput zwischen Lamm und Wolf bestimmt. Der Wolf wirft dem Lamm vor, es trübe das Wasser des Flusses, aus dem sie trinken. Das Lamm entgegnet darauf, dass dies doch gar nicht möglich sei, da der Wolf oberhalb trinke. In der gleichen Weise formuliert der Wolf drei weitere Vorwürfe: Das Lamm bzw. sein Vater habe ihn beleidigt, außerdem würde es ihm Äcker und Wiesen unbrauchbar machen. Die Unsinnigkeit dieser drei Beschuldigungen macht ihm das Lamm jeweils deutlich. Am Ende der Geschichte wird das Lamm vom Wolf gefressen. Der Erzähler formuliert als Lehre, dass der Mächtige bestimme, was Recht ist.

Wenn wir die Hauptfiguren in ihrem Verhältnis zueinander charakterisieren, so stellt sich das Schaf als eine Figur dar, die mit Mut und dem Glauben an die Überzeugungskraft rationaler Argumente die Anschuldigungen des Wolfes widerlegt. Besonders deutlich wird dies in der Entgegnung auf den Vorwurf, es habe die Wiesen abgenagt. Das Lamm pariert die Anschuldigung mit dem Hinweis auf seine fehlenden Zähne: „Wie kann das möglich sein, da ich doch noch keine Zähne habe?"(Z. 11)
Der Glaube an die Kraft der Argumente kennzeichnet aber auch die Unerfahrenheit des jungen Schafes: Es verkennt die lebensgefährliche Lage, in der es seit der Anwesenheit des Wolfes ist. Seine Unerfahrenheit bewirkt zusammen mit dem Wahrheits- und Gerechtigkeitssinn und dem Glauben, dass die allgemeine Logik auch für den Mächtigen gilt, seinen Untergang. Der Wolf stellt sich als hungriges machtbewusstes Tier dar, er hat wohl von Beginn an die Intention, das Lamm zu töten, und er sucht zunächst diesen Mord durch Argumente zu legitimieren. Im Disput unterliegt er, seine Argumente sind nicht durchdacht. Das, was ihm intellektuell fehlt, macht er durch seine physische Überlegenheit wett: Sein Recht des Stärkeren verschafft er sich selbst im Vertrauen auf seine Kraft.

Bei den vorliegenden Erzählungen *Wolf und Lämmlein* des Reformators Martin Luther und *Der Wolf und das Schaf* des Aufklärers Gotthold Ephraim Lessing handelt es sich um Fabeln. Das gemeinsame Thema beider Fabeln ist die Begegnung zwischen einem Wolf und einem Schaf.

Die Schlüsselworte der Fabel sind natürlich „Wolf" und „Schaf". Die menschlichen Eigenschaften, für die sie stehen, klangen in der obigen Analyse schon an: Der Wolf steht für den Mächtigen, der auch im Moment vermeintlicher Unterlegenheit geduldig auf seine Chance wartet. Das Schaf dagegen steht auf der Sachteilebene wiederum allgemein für Unterdrückte, die unter Mächtigen zu leiden haben. Wenn Unterdrückte sich in Sicherheit wiegen, dann kämpfen sie gegen die Mächtigen mit Spott als dem Mittel der Schwachen.
Der politische Hintergrund, vor dem die Fabel zu lesen ist, ist durch die Ständegesellschaft und die Monarchie gekennzeichnet. Im 18. Jahrhundert trat als entscheidende bewusstseinsverändernde Kraft die Aufklärung hinzu, die Gleichheit, Humanität und Toleranz auf der Basis des menschlichen Verstandes proklamierte. Diese Neuerung erkennt man auch in Lessings Fabel: Der Untertan ist dem Herrscher nicht mehr machtlos ausgeliefert, sondern er hat die Möglichkeit, sich durch Spott zur Wehr zu setzen. Wenn man diese Entwicklung bis zum Ende weiterdenkt, so könnte man als Lehre herauslesen, dass die Mächtigen mit einer Einschränkung ihrer Macht rechnen müssen. Dies ist in der Französischen Revolution von 1789 dann auch geschehen. Allerdings lässt die Interpretation der Reaktion des Wolfes auch den Schluss zu, dass die Mächtigen das aufbegehrende Volk zunächst einmal „an der langen Leine" laufen lassen, um bei geeigneter Gelegenheit die alte Machtposition wieder zu stabilisieren.

Beim abschließenden Vergleich beider Fabeln stellen wir fest, dass die wesentlichen Gemeinsamkeiten die Figuren, den Handlungsort und teilweise auch die Lehre betreffen.

Die Unterschiede sind gravierender: Lessings Bild des Untertanen ist nicht mehr von dem naiv an Gerechtigkeit glaubenden Menschen bestimmt. Sein Schaf steht für einen aufgeklärten und die Gunst der Stunde nutzenden Menschen. Lessing hat seine Fabel gewissermaßen als Antwort auf die alte Luther-Fabel verfasst, um die Veränderung, die durch die Aufklärung entstanden ist, deutlich zu machen. Der Mensch ist jetzt wehrhaft geworden, auch wenn er sich zunächst nur des Spottes bedienen kann, um Widerstand zu leisten. War Luthers Fabel eher ein Appell an die Mächtigen, so lässt sich Lessings Fabel als Versuch lesen, den Untertanen zu ermutigen. Spott allein jedoch kann die Position der Mächtigen nicht ernsthaft erschüttern; der Hinweis auf die „Geduld" der Mächtigen in Lessings Fabel legt dies nahe. Ob Lessing schon die Zeit vorausgeahnt hatte, in der die Untertanen sich nicht mehr nur mit Spott begnügten, sondern tatkräftig eine Veränderung des politischen Systems in Angriff nahmen, wie es in der Französischen Revolution geschehen ist, lässt sich natürlich nicht beantworten. Die Lehre seiner Fabel könnte einen solchen Aufruf enthalten.

Das Schaf in der Fabel Lessings hat den Mut des Schwachen, der sich nach Zeiten der Verfolgung in einer Situation vorübergehender Sicherheit wähnt. Ein Ausdruck echten Mutes ist der Spott wohl nicht, er zeigt vielmehr die Unterlegenheit des Schafes, das sich nur in dieser geschützten Lage für die Verfolgung durch den Wolf „rächen" kann.
Der Wolf hingegen lässt sich nicht nur als stark, sondern auch als schlagfertig charakterisieren, wenn er sich über den Spott nicht ärgert, sondern auf die Geduld der Wölfe hinweist. Er erkennt seine momentane Machtlosigkeit und „gewinnt" durch seine Antwort dennoch, indem er dem Schaf in Aussicht stellt, bei nächster Gelegenheit gefressen zu werden. Der Wolf besitzt somit neben seiner Schlagfertigkeit auch ein ausgeprägtes Machtbewusstsein.

Übung

Übung 63 *Wie könnte die Aufgabenstellung lauten, die zu diesem Aufsatz geführt hat?*
► *Lösung Seite 106*

Info

Beachten Sie, dass es dem inneren Zusammenhalt und der Transparenz der Gliederung dient, wenn Sie einleitende Formulierungen verwenden wie etwa: „Der Verwirklichung dieser Intention dienen auch die zum Einsatz kommenden sprachlichen Mittel und die Erzählweise" oder „Sieht man auf das Ende der Geschichte ..." oder „Als allgemeingültige Lehre lässt sich ableiten, ...".

Übung

Übung 64 *„Was kommt nur in den Schluss? Wie höre ich auf?" – Diese Frage wird beim Schreiben eines Interpretationsaufsatzes oftmals zum Problem. Hilfreich ist es, wenn man sich über die Funktion des Schlusses klar wird, die darin besteht, ein Thema abzurunden. In den folgenden Beispielen finden Sie verschiedene Formen des Schlusses für den Interpretationsaufsatz in Übung 62. Analysieren Sie, wie der jeweilige Schluss gestaltet ist.*

1) Fabeln sind in Zeiten, in denen freie Meinungsäußerung nicht möglich ist, die literarische Form, Kritik zu üben. Luther und Lessing machen mit ihren Fabeln von dieser Möglichkeit Gebrauch. Ihre Lehre beschränkt sich aber nicht nur auf die jeweilige Epoche, in der sie entstanden sind. Gerechtigkeitssinn und Zivilcourage sind, wenn man einmal die Aussagen beider Fabeln zusammennimmt, Eigenschaften, die auch in unserer heutigen Zeit von großer Bedeutung sind. Dass die Arroganz von Mächtigen, wie sie Lessing in seiner Fabel vorführt, auch zu Machtverlust führen kann, hat sich z. B. in der friedlichen Revolution des Jahres 1989 in der ehemaligen DDR gezeigt.

2) Insbesondere in der Luther-Fabel kommt zum Ausdruck, dass Vorurteile auch sinnvolle Instrumente des Selbstschutzes sein können. Im menschlichen Zusammenleben wäre diese Lehre aber kritisch zu betrachten, weil Vorurteile oftmals zu Instrumenten der ungerechten Diskriminierung werden. Vielleicht wäre „kritische Vorsicht" der bessere Ausdruck.

3) Das Leiden und die Verfolgung Schwächerer werden immer wieder zum Thema in der Literatur. Im 20. Jahrhundert hat sich z. B. James Thurber in seiner Fabel *Die Kaninchen, die an allem schuld waren* im Zeichen der historisch-politischen Ereignisse dieses Themas angenommen und in ein eindrucksvolles und zum Nachdenken anregendes literarisches Bild gefügt.

▶ *Lösung Seite 106 f.*

Übung 65 *Interpretieren Sie in Form eines fortlaufenden Aufsatzes die Fabel von James Thurber:* Die Kaninchen, die an allem schuld waren. *Erarbeiten Sie dabei auch eine Charakterisierung der Figuren.*
► *Lösung Seite 107 ff.*

Lesetext

James Thurber (1894–1961)
Die Kaninchen, die an allem schuld waren (1967)

Es war einmal – selbst die jüngsten Kinder erinnern sich noch daran – eine Kaninchenfamilie, die unweit von einem Rudel Wölfe lebte. Die Wölfe erklärten immer wieder, dass ihnen die Lebensweise der Kaninchen ganz und gar nicht gefalle. (Von ihrer eigenen Lebensweise waren die Wölfe begeistert, denn das war die einzig richtige.) Eines Nachts fanden mehrere Wölfe bei einem Erdbeben den Tod, und die Schuld daran wurde den Kaninchen zugeschoben, die ja, wie jedermann weiß, mit ihren Hinterbeinen auf den Erdboden hämmern und dadurch Erdbeben verursachen. In einer anderen Nacht wurde einer der Wölfe vom Blitz erschlagen, und schuld daran waren wieder die Kaninchen, die ja, wie jedermann weiß, Salatfresser sind und dadurch Blitze verursachen. Die Wölfe drohten, die Kaninchen zu zivilisieren, wenn sie sich nicht besser benähmen, und die Kaninchen beschlossen, auf eine einsame Insel zu flüchten.

Die anderen Tiere aber, die weit entfernt wohnten, redeten den Kaninchen ins Gewissen. Sie sagten: „Ihr müsst eure Tapferkeit beweisen, indem ihr bleibt, wo ihr seid. Dies ist keine Welt für Ausreißer. Wenn die Wölfe euch angreifen, werden wir euch zu Hilfe eilen – höchstwahrscheinlich jedenfalls."

So lebten denn die Kaninchen weiterhin in der Nachbarschaft der Wölfe. Eines Tages kam eine schreckliche Überschwemmung, und viele Wölfe ertranken. Daran waren die Kaninchen schuld, die ja, wie jedermann weiß, Mohrrübenknabberer mit langen Ohren sind und dadurch Überschwemmungen verursachen. Die Wölfe fielen über die Kaninchen her – natürlich um ihnen zu helfen – und sperrten sie in eine finstere Höhle – natürlich um sie zu schützen.

Wochenlang hörte man nichts von den Kaninchen, und schließlich fragten die anderen Tiere bei den Wölfen an, was mit ihren Nachbarn geschehen sei. Die Wölfe erwiderten, die Kaninchen seien gefressen worden, und da sie gefressen worden seien, handle es sich um eine rein innere Angelegenheit. Die anderen Tiere drohten jedoch, sich unter Umständen gegen die Wölfe zusammenzuschließen, wenn die Vernichtung der Kaninchen nicht irgendwie begründet würde. Also gaben die Wölfe einen Grund an.

„Sie versuchten auszureißen", sagten die Wölfe, „und wie ihr wisst, ist dies keine Welt für Ausreißer."

Moral: Laufe – nein, galoppiere schnurstracks zur nächsten einsamen Insel.

Info

Hinweis: Weitere Fabeln samt den ausgearbeiteten Lösungsvorschlägen finden Sie im dritten Band der Lernhilfen-Reihe *Wie interpretiere ich Fabeln, Parabeln und Kurzgeschichten? Übungen mit Lösungen.*

3. Die Parabel

3.1 Was ist eine Parabel?

Eine Definition besagt: „Wie die Fabel ist die Parabel eine Form allegorischer Rede. Sie zielt auf die Verbildlichung unanschaulicher Gedanken, indem sie eine Übertragung eines allgemeinen Sachverhalts in eine anschauliche Erzählung leistet. Wie die Fabel enthält die Parabel einen Bildteil und einen Sachteil (...). Die Beziehung von Bild- und Sachteil ist anders als in der Fabel. Innerhalb des Bildteils finden sich keine eindeutig zu entschlüsselnden semantischen Indikatoren des gemeinten Sachverhalts. Der Gleichnischarakter der Parabel ergibt sich nicht bereits explizit aus dem Bildteil wie in der Fabel; die Relation zwischen Bild- und Sachteil muss im Denkvorgang der Analogie erschlossen werden. Entweder können einzelne semantische Indikatoren innerhalb des Bildteils Hinweise auf das Gesagte geben, oder die Beziehung von Gesagtem und Gemeintem muss vom Autor im nachgestellten Sachteil selbst formuliert oder vom Leser ermittelt werden (...).
Die Parabel ist wie die Fabel eine didaktische Gattung. Der Lehrcharakter der Parabel ist geprägt durch den Bezug zum religiösen Bereich. Dort, wo dieser Bezug verloren gegangen ist, wie in der modernen Parabel, wird die Gattung zur Form der Existenzdeutung (Kafka, Dürrenmatt), zum Instrument gesellschaftskritischer oder politischer Auseinandersetzung (Brecht, Musil, Frisch u. a.) (...). Die Parabel ist eine Form der Erkenntnissuche. (...) Während sich die Tendenz der Fabel jedoch auf innerweltliches Verhalten bezieht, ist die Parabel weitgehend durch die Frage nach den Bedingungen des innerweltlichen Seins gekennzeichnet." (Schrader 1980, S. 47 ff.)

Übung 66 *Die Beschreibung des Unterschieds zwischen Fabel und Parabel von Monika Schrader ist viel differenzierter als diejenige, die Sie zu Beginn des Fabel-Kapitels erarbeitet haben. Welche der folgenden Aussagen treffen die von Schrader vollzogene Unterscheidung am besten?*

a) Der Unterschied zwischen Fabel und Parabel besteht darin, dass Parabeln immer einen religiösen Gehalt haben.
b) Die Parabel beschäftigt sich mit existenziellen Dingen, die Fabel gibt eher Verhaltensvorschläge.
c) Die Parabel enthält keine Schlüsselbegriffe, die eindeutig auf die Sachebene bezogen werden können.
d) Die Parabel drückt das im Analogievorgang („tertium comparationis") zu erschließende Unanschauliche nur mit Hilfe von zum Teil versteckten Hinweisen im Bildteil aus.

► *Lösung Seite 109*

Am Beispiel des Textes *Gibs auf!* von Franz Kafka lässt sich die Definition von Schrader erläutern.

Lesetext

Franz Kafka (1883–1924)
Gibs auf! (1922)

Es war sehr früh am Morgen, die Straßen rein und leer, ich ging zum Bahnhof. Als ich eine Turmuhr mit meiner Uhr verglich, sah ich, dass es schon viel später war, als ich geglaubt hatte, ich musste mich sehr beeilen, der Schrecken über diese Entdeckung ließ mich im Weg unsicher werden, ich kannte mich in dieser Stadt noch nicht sehr gut aus, glücklicherweise war ein Schutzmann in der Nähe, ich lief zu ihm und fragte ihn atemlos nach dem Weg. Er lächelte und sagte: „Von mir willst du den Weg erfahren?“ „Ja“, sagte ich, „da ich ihn selbst nicht finden kann.“ „Gibs auf, gibs auf“, sagte er und wandte sich mit einem großen Schwunge ab, so wie Leute, die mit ihrem Lachen allein sein wollen.

Diese Parabel beschreibt in ihrem Bildteil die erfolglose Suche nach einem Weg zum Bahnhof. Selbst Autoritäten wie die Polizei können bei der Suche nicht behilflich sein und raten dazu, die Suche besser einzustellen. Zwischen dem Fußweg und dem individuellen Lebensweg besteht ein Verhältnis der Analogie. Das „tertium comparationis" dieser Analogie liegt in der Vergeblichkeit, den richtigen Lebensweg zu finden. Diese Aussage findet sich in zahlreichen Kafka-Texten; in besonders deutlicher Weise liest man sie in der Parabel *Eisenbahnreisende*:

Lesetext

Franz Kafka (1883–1924)
Eisenbahnreisende (1917)

Wir sind, mit dem irdisch befleckten Auge gesehn, in der Situation von Eisenbahnreisenden, die in einem langen Tunnel verunglückt sind, und zwar an einer Stelle, wo man das Licht des Anfangs nicht mehr sieht, das Licht des Endes aber nur so winzig, dass der Blick es immerfort suchen muss und immerfort verliert, wobei Anfang und Ende nicht einmal mehr sicher sind. Rings um uns aber haben wir in der Verwirrung der Sinne oder in der Höchstempfindlichkeit der Sinne lauter Ungeheuer und ein je nach der Laune und Verwunderung des Einzelnen entzückendes oder ermüdendes kaleidoskopisches Spiel.
Was soll ich tun? Oder: Wozu soll ich es tun? Sind keine Fragen dieser Gegenden.

Die existenzielle Dimension der Parabel und das Problem der Analogiebildung können Sie im folgenden Text von Michael Ende nochmals üben.

Lesetext

Michael Ende (1929–1995)
[Über die weite graue Fläche des Himmels …] (1990)

Über die weite graue Fläche des Himmels glitt ein Schlittschuhläufer dahin, kopfunter, mit wehendem Wollschal. Er konnte das, denn der Himmel war zugefroren.
Mit tropfenden Nasen und offenen Mündern sah die Menschenmenge von der Erde aus zu, zeigte nach ihm hinauf und applaudierte bisweilen, wenn ihm ein besonders schwieriger (natürlich umgekehrter) Sprung gelungen war.
Er lief in weiten Bögen und Schleifen, immer wieder die gleichen Figuren, bis sich die Spur seines Laufs in den Himmel gekratzt hatte. Jetzt zeigte es sich, dass es Buchstaben waren, eine dringende Botschaft vielleicht. Dann glitt er davon und verschwand fern hinter dem Horizont.
Die Menschenmenge starrte zum Himmel hinauf, aber keiner kannte das Alphabet, keiner konnte die Schrift entziffern. Langsam verschwand die Spur, und der Himmel war wieder nur eine weite graue Fläche. (…)

Übung

Übung 67 *Das Ende der Parabel fehlt. Wählen Sie aus den folgenden Alternativen den Schluss aus, der Ihnen am plausibelsten erscheint. Begründen Sie Ihre Entscheidung, indem Sie sich Ihre Analogiebildung bewusst machen.*

a) Die Leute gingen nach Hause und hatten bald den ganzen Vorfall vergessen. Jeder hat schließlich seine eigenen Sorgen, und außerdem: Wer weiß, ob die Botschaft wirklich so wichtig war.
b) Plötzlich trat ein Mann auf die Eisfläche. Er sprach zu der Menschenmenge: „Ich kann die Schrift entziffern. Es heißt: ‚Über die weite graue Fläche des Himmels glitt ein Schlittschuhläufer dahin, kopfunter, mit wehendem Wollschal'"
c) Einer sprach: „So ein Unsinn! Wir haben alle nur geträumt. Man kann doch gar nicht auf der Fläche des Himmels Schlittschuh laufen." Und in sein Lachen stimmten alle ein.
d) Plötzlich erschien die Schrift wieder, in glutroter Farbe, in allen Sprachen der Welt. Und die Menschen lasen, was da in ihrer Sprache am Himmel stand, es war nur ein Satz für jeden. Und sie gingen nach Hause und vergaßen ihn nicht mehr.

► *Lösung Seite 109*

Info

Zur Interpretation einer Parabel gehören die folgenden Aspekte:
Inhalt und **Aufbau** des Textes, Bestimmung des **Themas**, evtl. Analyse des Argumentationsgangs sowie der Raum- und Zeitstruktur und der Charaktere, Bestimmung und Untersuchung der zentralen **Motive**, Analyse von **Sprache, Stil, erzählerischen Mitteln** und die Bestimmung der **Aussage**.

Diese Aspekte sollen im Folgenden an zwei Texten eingeübt werden: An dem biblischen Text *Das Gleichnis vom verlornen Sohn* (Lukas 15, 11–32) und an Franz Kafkas *Heimkehr* werden die Schritte der Interpretation systematisch eingeübt. An der Parabel *Der Aufbruch* von Franz Kafka können Sie diese dann eigenständig zur Anwendung bringen.

3.2 Texte von Parabeln

Übung

Übung 68 Lesen Sie langsam die folgenden Parabeln. Machen Sie auch bei diesen Texten öfters eine Lesepause und rekapitulieren Sie, was genau der Inhalt des gerade Gelesenen war. Markieren Sie sich mit einem Stift bereits während des Lesens Stellen, die Ihnen auffallen.

a) *Das Gleichnis vom verlorenen Sohn* (Lukas 15, 11–32)

Lesetext

Das Gleichnis vom verlornen Sohn (Lukas 15, 11–32)

Er sprach aber: Ein Mann hatte zwei Söhne. Und der jüngere von ihnen sagte zum Vater: Vater, gib mir den Teil des Vermögens, der mir zukommt! Der aber verteilte seine Habe unter sie. Und nicht viele Tage darnach nahm der jüngere Sohn alles mit sich und zog hinweg in ein fernes Land, und dort vergeudete er sein Vermögen durch ein zügelloses Leben. Nachdem er aber alles durchgebracht hatte, kam eine gewaltige Hungersnot über jenes Land, und er fing an, Mangel zu leiden. Und er ging hin und hängte sich an einen der Bürger jenes Landes; der schickte ihn auf seine Felder, Schweine zu hüten. Und er begehrte, seinen Bauch mit den Schoten* zu füllen, die die Schweine fraßen; und niemand gab sie ihm. Da ging er in sich und sprach: Wie viele Tagelöhner meines Vaters haben Brot im Überfluss, ich aber komme hier vor Hunger um! Ich will mich aufmachen und zu meinem Vater gehen und ihm sagen: Vater, ich habe gesündigt gegen den Himmel und vor dir; ich bin nicht mehr wert, dein Sohn

* Gemeint sind die schotenförmigen Früchte des Johannisbaumes.

zu heißen; stelle mich wie einen deiner Tagelöhner! Und er machte sich auf und ging zu seinem Vater. Als er aber noch fern war, sah ihn sein Vater und fühlte Erbarmen, lief hin, fiel ihm um den Hals und küsste ihn. Der Sohn aber sprach zu ihm: Vater, ich habe gesündigt gegen den Himmel und vor dir; ich bin nicht mehr wert, dein Sohn zu heißen. Doch der Vater sagte zu seinen Knechten: Bringet schnell das beste Kleid heraus und ziehet es ihm an und gebet ihm einen Ring an die Hand und Schuhe an die Füße, und holet das gemästete Kalb, schlachtet es und lasset uns essen und fröhlich sein! Denn dieser mein Sohn war tot und ist wieder lebendig geworden, er war verloren und ist wiedergefunden worden. Und sie fingen an, fröhlich zu sein.
Sein älterer Sohn aber war auf dem Felde; und als er kam und sich dem Hause näherte, hörte er Musik und Reigentanz. Und er rief einen der Knechte herbei und erkundigte sich, was das sei. Der aber sagte ihm: Dein Bruder ist gekommen, und dein Vater hat das gemästete Kalb geschlachtet, weil er ihn gesund wiedererhalten hat. Da wurde er zornig und wollte nicht hineingehen. Doch sein Vater kam heraus und redete ihm zu. Er aber antwortete und sagte zum Vater: Siehe, so viele Jahre diene ich dir und habe nie ein Gebot von dir übertreten; und mir hast du nie einen Bock gegeben, damit ich mit meinen Freunden fröhlich wäre. Nun aber dieser dein Sohn gekommen ist, der deine Habe mit Dirnen aufgezehrt hat, hast du ihm das gemästete Kalb geschlachtet. Da sagte er zu ihm: Kind, du bist allezeit bei mir, und alles, was mein ist, ist dein. Du solltest aber fröhlich sein und dich freuen; denn dieser dein Bruder war tot und ist lebendig geworden, und [war] verloren und ist wiedergefunden worden.

b) Franz Kafka: *Heimkehr*

Franz Kafka (1883–1924)
Heimkehr (1920/22)

Lesetext

Ich bin zurückgekehrt, ich habe den Flur durchschritten und blicke mich um. Es ist meines Vaters alter Hof. Die Pfütze in der Mitte. Altes, unbrauchbares Gerät, ineinander verfahren, verstellt den Weg zur Bodentreppe. Die Katze lauert auf dem Geländer. Ein zerrissenes Tuch, einmal im Spiel um eine Stange gewunden, hebt sich im Wind. Ich bin angekommen. Wer wird mich empfangen? Wer wartet hinter der Tür der Küche? Rauch kommt aus dem Schornstein, der Kaffee zum Abendessen wird gekocht. Ist dir heimlich, fühlst du dich zu Hause? Ich weiß es nicht, ich bin sehr unsicher. Meines Vaters Haus ist es, aber kalt steht Stück neben Stück, als wäre jedes mit seinen eigenen Angelegenheiten beschäftigt, die ich teils vergessen habe, teils niemals kannte. Was kann ich ihnen nützen, was bin ich ihnen und sei ich auch des Vaters, des alten Landwirts Sohn. Und ich wage nicht, an der Küchentür zu klopfen, nur von der Ferne horche ich, nur von der Ferne horche ich stehend, nicht so, dass ich als Horcher überrascht werden könnte. Und weil ich von der Ferne horche, erhorche ich nichts, nur einen leichten Uhrenschlag höre ich oder glaube ihn vielleicht nur zu hören, herüber aus den Kindertagen. Was sonst in der Küche geschieht, ist das Geheimnis der dort Sitzenden, das sie vor mir wahren. Je länger man vor der Tür zögert, desto fremder wird man. Wie wäre es, wenn jetzt jemand die Tür öffnete und mich etwas fragte. Wäre ich dann nicht selbst wie einer, der sein Geheimnis wahren will?

Übung 69 *Notieren Sie, was Ihnen nach der Lektüre der Parabeln durch den Kopf geht: Sprechen die Geschichten Sie an? Finden Sie die Geschichten vielleicht etwas seltsam? Versuchen Sie zu begründen, warum Sie zu diesem Urteil kommen.*

3.3 Interpretationsschritte

3.3.1 Textzusammenfassung und Inhaltsangabe schreiben

Auch bei Parabeltexten ist die Inhaltsangabe ein sinnvoller und wichtiger erster Schritt zur Interpretation. Bei der zusammenfassenden Wiedergabe eines Textes vergewissert man sich des eigenen Verständnisses; zugleich wird einem durch die Aufgabe der Zusammenfassung auch klar, was man nicht verstanden hat und was man daher noch einmal lesen sollte. Die Kürze von Parabeln erweist sich auf den ersten Blick als Vorteil bei der Erstellung der Inhaltsangabe, auf den zweiten Blick erkennt man allerdings, dass sie aufgrund ihrer Kürze zuweilen kaum in noch knapperer Form zusammengefasst werden können.
In die folgende Textzusammenfassung von *Das Gleichnis vom verlornen Sohn* wurden absichtlich mehrere Fehler eingebaut:

Das Gleichnis vom verlornen Sohn *erzählt die Geschichte von einem Mann, der zwei Söhne hatte. Der jüngere Sohn bat den Vater um Geld. Danach zog er in die große, weite Welt hinaus und verjubelte sein ganzes Vermögen in kurzer Zeit. Als dann noch eine Hungersnot ins Land kam, verhungerte er fast. Plötzlich besann er sich und erinnerte sich daran, dass bei ihm zu Hause sogar die Knechte ein besseres Leben führen als er. Er beschloss, zu seinem Vater zurückzukehren und auf die Knechte hinzuweisen, da er doch wohl immer noch mehr Recht als Sohn haben dürfte. Doch was passierte dann? Der Vater nahm ihn herzlich auf, vergab ihm alles und ließ ein großes Fest feiern, weil sein verloren geglaubter Sohn zurückgekehrt war. Die Geschichte endete mit einem Blick auf den älteren Sohn. Dieser hatte die ganze Zeit über gehorsam im elterlichen Betrieb mitgearbeitet und freute sich mit dem Vater über den zurückgekehrten Bruder.*

Übung 70 *Korrigieren Sie, was Ihnen an der Inhaltsangabe nicht gelungen erscheint!*

Für die Inhaltsangabe am Beginn einer Interpretation gilt Folgendes:

Inhaltsangabe
Im Einleitungsteil der Interpretation steht eine knappe Inhaltsangabe, die das Textverständnis sicherstellen und zugleich ein Vorverständnis für die Interpretation ermöglichen soll. Zu beachten ist:

- Wiedergabe der **wichtigsten** Handlungen und Handlungsschritte sowie Nennung der wichtigsten Personen
- Textwiedergabe in eigenen Worten
- objektiv-distanzierende Schreibhaltung, d.h. Verzicht auf wörtliche Rede und andere möglicherweise spannungssteigernde Elemente
- keine persönliche Kommentierung des Geschehens
- Tempus: Präsens
- Kürze: Weglassen aller überflüssigen Details

Übung 71 *Überarbeiten Sie nun unter Berücksichtigung der genannten Kriterien nochmals die Textzusammenfassung des Gleichnisses.*
► *Lösung Seite 109 f.*

Wenn die Einleitung ein erstes „Tor" zur Interpretation ist, so ist der **einleitende Satz** der „Schlüssel" dazu. Er hat die Aufgabe, den Leser auf die Interpretation einzustimmen und muss somit sachlich und – soweit möglich – spannend sein.

Übung 72 *Prüfen Sie folgende einleitende Sätze und ordnen Sie ihnen die richtige Beurteilung zu:*
► *Lösung Seite 110*

einleitende Sätze	Beurteilung
a) *In dem biblischen* Gleichnis vom verlornen Sohn, *das dem Evangelisten Lukas zugeschrieben wird, mit größerer Wahrscheinlichkeit aber von einem unbekannten Autor stammt, geht es um Reue, um Vergebung und Vaterliebe.*	1)… vergisst, Autor und Titel zu nennen, erwähnt nur eine Figur
b) *In dem Gleichnis geht es um einen Sohn, der sich sein Erbe auszahlen lässt.*	2)… nennt Autor und Titel, umreißt knapp das Thema
c) *Das Gleichnis spricht von Erfahrungen im Ausland.*	3)… vergisst, Titel und Textgattung zu nennen und umreißt mehr den Inhalt als das Thema
d) *In dem Gleichnis geht es um ein Gespräch zwischen Vater und Sohn.*	4)… bestimmt das Thema ungenau und beschränkt sich auf dieses

Übung 73 *Welcher Satz erscheint Ihnen am geeignetsten für die Einleitung? Formulieren Sie eigenständig einen Einleitungssatz!*
▶ *Lösung Seite 110*

Einleitungssatz
Der einleitende Satz soll einen ersten Eindruck vom Text vermitteln, indem er auf das **Thema** hinweist. Darüber hinaus kann er schlaglichtartig auf die Handlung oder auf Schwerpunkte der folgenden Untersuchung hinweisen. Auf jeden Fall müssen **Textart, Titel, Autor** und ggf. **Entstehungs- oder Erscheinungsdatum** des Textes genannt werden.

Übung 74 *Teilen Sie die Parabel von Franz Kafka* Heimkehr *in voneinander unterscheidbare Sinnabschnitte ein. Finden Sie für jeden Abschnitt passende Beschreibungen in wenigen Worten.*
▶ *Lösung Seite 110 f.*

Übung 75 *Fügen Sie die einzelnen Sätze zu einer vollständigen Inhaltsangabe zusammen.*
▶ *Lösung Seite 111*

3.3.2 Aufbau erfassen

Dem Verständnis eines Textes nähert man sich also im ersten Schritt über die Zusammenfassung. Im zweiten Schritt geht es darum, den **Aufbau** zu erfassen. Anders als bei einer Fabel kann man nur selten ein Vorwort („Promythion") bzw. eine ausformulierte Lehre („Epimythion") unterscheiden, letztere würde dem Charakter von Parabeln auch nicht entsprechen. Parabeln bestehen zumeist nur aus einem kurzen Text, der knapp eine Handlung oder Reflexionen skizziert. Fragen, mit denen man sich dem Aufbau von Parabeln nähern könnte, sind z. B.:

- Lassen sich **Hauptteil** und **Schluss bzw. Lehre** klar voneinander unterscheiden?
- Gibt es erkennbare **Argumentationsschritte**?
- Wird eine **Vorgeschichte** zur Handlung erzählt? Wie **ausführlich** ist die Vorgeschichte?
- Gibt es ein **„offenes"** oder ein **„geschlossenes" Ende**?
- Wird überhaupt eine **Lehre** („Epimythion") formuliert?

Info

Über den Aufbau des Textes hinaus ist es gut, wenn **Beziehungen innerhalb des Textes** aufgezeigt werden können. Hierbei ist besonders das **Verhältnis zwischen Anfang und Ende** von Bedeutung. Haben die Handlung oder die sie tragenden Figuren eine Entwicklung durchlaufen? Besteht zwischen Anfang und Ende das Verhältnis einer Entsprechung oder das eines **Widerspruchs**? Ist die Struktur eine **linear-fortschreitende** oder eine **kreisförmige**?

Übung

Übung 76 *Wenden Sie die Hilfsfragen zur Ermittlung des Aufbaus auf* Das Gleichnis vom verlornen Sohn *an.*

▶ *Lösung Seite 111*

Übung

Übung 77 *Formulieren Sie nun eine fortlaufende Inhaltsangabe zum Bibeltext, die auch den Aufbau berücksichtigt.*

▶ *Lösung Seite 111 f.*

Der Inhalt eines erzählenden Textes ist nicht mit dem Thema zu verwechseln! Den Unterschied kann man sich gut anhand der Inhalts- und der Themenfrage deutlich machen:

Was wird erzählt?
→ **Inhaltsfrage**, wird beantwortet durch Textzusammenfassung und Aufbau
Wovon handelt die Geschichte?
→ **Themenfrage**, wird beantwortet im einleitenden Satz bzw. im Rahmen der Einleitung

Übung 78 *Welche der folgenden Themenbestimmungen trifft Ihrer Ansicht nach zu? Begründen Sie Ihre Meinung.*

Thema vom Gleichnis vom verlornen Sohn *ist …*
a) die Überzeugung, dass man sich nicht durch Leistung die Liebe Gottes verdienen kann,
b) die Liebe Gottes zu Sündern,
c) dass man immer mit der Liebe der Eltern rechnen kann, unabhängig davon, was man ihnen angetan hat,
d) ein historisches Ereignis aus der Geschichte.
► *Lösung Seite 112*

3.3.3 Die Erzählweise

Die klassische Erzähltextanalyse beschreibt die Merkmale eines erzählenden literarischen Textes anhand der zentralen Kriterien „Erzähler", „Zeit", „Rede- und Bewusstseinsformen".
Wiederholen Sie diese Begriffe zunächst mit Übung 13 auf Seite 17 f.

Übung 79 *Bestimmen Sie Zeit und Erzählperspektive im* Gleichnis vom verlornen Sohn *und in Kafkas* Heimkehr.
► *Lösung Seite 112*

Übung 80 *Welche Funktion könnte die Einnahme dieser Erzählperspektiven haben?*
► *Lösung Seite 112*

3.3.4 Sprache und Stil als poetische Gestaltungsmittel analysieren

Die Analyse von Sprache und Stil können Sie in Übung 17 auf Seite 19 trainieren. Darüber hinaus sind Kürze und Prägnanz die wichtigsten Stilelemente einer Parabel. Zentraler Ausgangspunkt auf der Ebene der poetischen Gestaltungsmittel ist die genaue Erfassung des Bildteils, die im Wege der Analogiebildung mit dem eigentlich Gemeinten in Beziehung gesetzt werden muss. Das Verbindende zwischen dem Bildteil und dem Sachteil wird im „tertium comparationis" formuliert.

Übung 81 *Versuchen Sie zu beschreiben, was die charakteristischen Merkmale der im* Gleichnis vom verlornen Sohn *verwendeten biblischen Sprache sind.*
► *Lösung Seite 112*

Übung 82 *In Kafkas Parabel* Heimkehr *lässt die Ich-Erzählperspektive zwar Einblicke in Gedanken und Gefühle der erzählenden Figur zu, sie verweigert aber die Außenperspektive, sodass der Leser nur das weiß, was er von der Figur erfährt. Die Erzählweise kommt der Technik des Bewusstseinsstroms nahe. Ermitteln Sie die Merkmale dieser Erzählweise und bestimmen Sie ihre Funktion.*
► *Lösung Seite 112*

3.3.5 Charakterisieren

Die (Haupt-)Figuren charakterisieren

Wie Kurzgeschichten (vgl. Übungen 26–30) arbeiten auch Parabeln mit direkten oder indirekten Charakterisierungen. Wie bei Fabeln stehen die im Bildteil verkörperten Eigenschaften jeweils im Sachteil für bestimmte menschliche Eigenschaften, die im Zuge der Analogiebildung erschlossen werden müssen. Indirekte oder direkte Charakterisierungsmerkmale unterstützen die Charaktereigenschaften jeweils, sie treten insbesondere in der Figurenkonstellation zutage.

Figurenkonstellation

Info

> Die Beziehung der einzelnen Personen zueinander bezeichnet man als Personenkonstellation. Es ist sinnvoll, sich über die Personen und ihre Beziehungen zueinander einen Überblick zu verschaffen. Geeignet dazu sind eine Skizze oder ein Schaubild.

Übung

Übung 83 *Beurteilen Sie, welche Charaktermerkmale nach Ihrer Lektüre vom* Gleichnis vom verlornen Sohn *zutreffend sind.*

jüngerer Sohn
- mit Mut und Glauben an die Überzeugungskraft rationaler Argumente,
- mit frommem Gottvertrauen,
- rechthaberisch und intolerant,
- selbstkritisch,
- realistisch in der Einschätzung der Situation,
- genussorientiert, auf die Gegenwart konzentriert, denkt nicht an Zukunft.

Vater
- geduldig, aufmerksam und wohlwollend,
- hält sich an Recht und Gesetz, wenn er Erbe vorzeitig ausbezahlt,
- vertraut auf seinen scharfen Verstand,
- ungerecht in der Verteilung seiner Liebe auf die beiden Söhne,
- verzeihend, selbstlos,
- unterliegt im Disput, schafft sich sein Recht selbst im Vertrauen auf seine Kraft.

älterer Sohn
- fleißig,
- vertraut auf seinen scharfen Verstand,
- neidisch,
- ist froh, dass sein Bruder endlich gegangen ist.

▶ *Lösung Seite 112 f.*

Übung

Übung 84 *Welche Funktion füllt der ältere Sohn in diesem Gleichnis aus?*

▶ *Lösung Seite 113*

3.4 Die Lehre

Eine Parabel enthält zumeist keine ausformulierte Lehre, diese muss vielmehr im Wege der Analogiebildung erschlossen werden. Die unausgesprochene Lehre ergibt sich aus der Figurenkonstellation und ihrer Übertragung in den menschlichen Bereich.

Übung 85 *Formulieren Sie die Lehre des biblischen Gleichnisses.*
▶ *Lösung Seite 113*

Übung 86 *In der Parabel* Heimkehr *von Kafka lässt sich die Lehre auch über den Titel versuchsweise bestimmen. Formulieren Sie einen Vorschlag.*
▶ *Lösung Seite 113*

3.5 Die Interpretation einer Parabel

Die Interpretation einer Parabel wird wie die eines jeden literarischen Textes von der Zugangsweise bestimmt, die man wählt. In der Schule werden Sie es zumeist mit textimmanenten oder epochengeschichtlich orientierten Zugangsweisen zu tun haben.

Übung 87 *Informieren Sie sich über die literarischen Epochen, in denen Kafka (Moderne) und Michael Ende (Postmoderne) ihre Parabeln verfasst haben. Lesen Sie dazu den folgenden Text von Rolf Günter Renner.*

Rolf Günter Renner
Postmoderne und Moderne

Der Begriff der P. ist interdisziplinär bestimmt; ursprünglich bezeichnet er in der Architektur die Doppelcodierung von Gebäudefassaden durch Funktion u. Stilzitat. (...) Während das polit. u. philosophische Urteil die P. gegen eine Moderne opponieren sieht, die im Sinne der Aufklärung als das bereits im 18. Jh. konzipierte u. sich auf das Fortschreiten der Vernunft gründende ›Projekt der Moderne‹ (Habermas 1986) bestimmt wird, hat man die ästhetische Moderne mit Blick auf Baudelaire als einen in sich widersprüchl. Entwurf des 19. Jh. interpretiert (Jauß). Jean François Lyotard sieht die Moderne andererseits als die Zeit der großen Metaerzählungen des 18. u. 19. Jh., der Emanzipation, des Fortschritts u. der Hermeneutik des Sinns.
Diese »großen Erzählungen« werden delegitimiert u. durch miteinander konkurrierende »Sprachspiele« abgelöst. Sie werden mit Blick auf Wittgensteins philosophische Untersuchungen u. Nietzsches Vorstellung von der »Welt als Erzählung« bestimmt.

Entgegen den Annahmen der rationalen Diskurstheorie (Habermas) u. der Systemtheorie (Luhmann) soll sich im Kampf der Sprachspiele das narrative u. ästhetische behaupten (Lyotard). Von daher lässt sich die P. als erkenntnistheoret. u. ästhetische Einstellung zgl. bestimmen. An die Stelle des diskursiven Wissens setzt sie die »transversale Vernunft« (Welsch 1987), akzeptiert sie den Widerstreit, der gegensätzliche Positionen nicht überwindet, sondern nebeneinander bestehen lässt (Lyotard). Sie etabliert das Denken der Kontingenz, das selbst die Philosophie zum literar. Spiel macht (Rorty 1989). In der Ästhetik ist sie fasziniert vom ›Erhabenen‹, vom Anderen der Vernunft, zumindest lässt sie sich auf Spielkonfigurationen ein, die nicht mehr sinnzentriert sind.

Manches spricht gegen eine allein histor. Bestimmung der P. als Epoche; sinnvoller ist es, ihre Beziehung auf die Moderne zu betrachten. Nur sofern man diese als eine ›Neuzeit‹ begreift, die noch an den Einheitsvorstellungen einer ›mathesis universalis‹ festhält, wäre ›postmodern‹ als nachneuzeitlich zu verstehen. Meint der Begriff der Moderne dagegen das Heraufkommen einer universellen Pluralität der Wissenschaften, Methoden u. Wissensgegenstände, so ist die P. eine Transformation der Moderne selbst: Sie treibt die Probleme hervor, die in der Moderne schon immer angelegt sind (Welsch). Die P. lässt sich dann als eine ›Konstellation‹ im Verständnis Adornos (Renner 1988) u. als ›kulturelle Dominante‹ im Sinne Fredric Jamesons bestimmen (Huyssen 1986): Sie konsolidiert sich, wenn der Paradigmenwechsel der Moderne nicht mehr in einen traditionellen Verstehenszusammenhang rückgebunden wird. Auch ohne eine Epoche zu sein, bleibt die P. doch eine histor. Strategie: Darauf weist die Formel von der »postmodernen Moderne« (Welsch).

Die der P. zugerechneten Texte u. ihre Theorie sind durch zwei Einflüsse entscheidend geprägt: zum einen durch die dekonstruktivistische Subversion der europäischen Geistesgeschichte, die den »Zerfall des Universalitäts-Anspruchs von Vernunft« (Frank) konstatiert u. zu einer äußeren wie inneren Dezentrierung des Subjekts führt, zum anderen durch die Aufhebung der Grenze zwischen dem Wirklichen u. dem Imaginären (Federman 1975), zwischen Theorie u. Fiktion. Damit verbindet sich die Vorstellung der ›Posthistoire‹: Der posthistorische Mensch (Roderick Seidenberg) hat alle seine Möglichkeiten bereits ausgeschritten, der Weltzustand befindet sich im Zustand der Kristallisation (Arnold Gehlen), es gibt keine Möglichkeiten zielgerichteten Handelns mehr. Entsprechend vermag auch kein Autorsubjekt den Text mehr zu organisieren, die moderne Rekonstruktion der verlorenen Totalität (Georg Lukács) ist nicht mehr möglich. Stattdessen bestimmen sich die Texte aus ihrer Intertextualität, der Destruktion von Sinn, der Infragestellung des autonomen Subjekts. Das Paradigma der Thermodynamik wird zur zentralen Metapher, es löst herkömmliche Vorstellungen von Kausalität ab. Allerdings folgen die Texte der postmodernen Konstellation nicht nur dem Gesetz der Dekonstruktion (z. B. Thomas Pynchon, Alexander Kluge, Heiner Müller, Jorge Semprún). Unter den Voraussetzungen eines universellen Sinnverlusts etablieren sich auch erneut Schreibweisen, die eine Rekonstruktion des Verlorenen im Gestus der »Wiederholung« (Peter Handke) oder des Spiels (Botho Strauß) versuchen.

Allerdings erfolgt diese Rekonstruktion im Gegensatz zur Moderne in einer kritischen Reflexion, die zgl. die Grenze zwischen Fiktion u. Theorie aufhebt.

Übung 88 *Versuchen Sie nun, die folgenden Merkmale jeweils der traditionellen, modernen und postmodernen Literatur zuzuordnen (Tabelle siehe Seite 70). Einige, aber nicht alle Anhaltspunkte für diese Zuordnung erhalten Sie aus dem Text von Renner. Verwenden Sie auch die Informationen der Wikipedia-Seite (http://de.wikipedia.org/wiki/Hauptseite); beachten Sie bei allen Internet-Angeboten stets, dass Informationen nicht ungeprüft übernommen werden dürfen.*

geografische Einordnung zu Beginn / Verschwinden des Erzählers / auktorialer Erzähler / Beschreibung der sozialen Umgebung und Herkunft zu Beginn / „blinde" Motive / klare Komposition / auktorialer Erzähler überwiegend / Hervorhebung nebensächlicher Details / Erzählung eines konkreten Ereignisses / Verzicht auf Einführung in Umgebung und Herkunft / distanzierter Erzähler / Mitteilung von Erfahrung vor Mitteilung eines Ereignisses (Subjektivierung) / Erzähler glaubwürdig, überlegen, kompetent / Kritik an der Tradition / Rückgriff in die Vergangenheit / Handlung, Raum oder Figur als strukturtragende Schichten / Verzicht auf starre Sinngebung – Diesseitsorientierung / Mehrdeutigkeit / spielerischer Umgang mit der Tradition, mit Motiven und Perspektiven / Abschätzbarkeit von Handlungen bestimmter Figuren / Vordringen metaphorischer Prinzipien / Erkennbarkeit psychologischer Mechanismen / keine äußere Erscheinung / Vorstellung einer festgefügten Weltordnung / keine gängigen Gefühle, Gesten, Handlungen / Vorstellung der Relevanz ewiggültiger Werte / Spiel mit verschiedenen Sprachen und Sprachebenen / Bildungsroman / Großstadt als Handlungsraum – Massengesellschaft / Eindringen des Irrationalen / aktiver Held / „Antiheld" – passiver Held / Infragestellung eines eindimensionalen Wahrheitsbegriffs / Idee von Humanität und Toleranz / Montagetechnik / Beteiligung des Lesers am Werk durch unterschiedliche Lesarten / Vorstellung der individuellen Autonomie / Vereinzelung des Individuums / Berücksichtigung der Realität / Glaube an die Vernunft / Betonung der Unterhaltung / Auflösung der literarischen Form / Auflösung der Sprache / Groteske / Parodie und Ironie als zentrale Mittel / literarische Collage / intertextuelle Bezüge

Traditionelle Literatur	Moderne Literatur	Postmoderne Literatur

► *Lösung Seite 114 f.*

Übung 89 *Mit dem* Gleichnis vom verlornen Sohn, *Kafkas* Heimkehr *und Endes* [Über die weite graue Fläche des Himmels ...] *haben Sie in diesem Kapitel drei Parabeln kennen gelernt, die den in Übung 88 erarbeiteten literaturgeschichtlichen Epochen zugeordnet werden können. Versuchen Sie, die wesentlichen epochengeschichtlichen Merkmale der einzelnen Parabeln herauszuarbeiten.*

► *Lösung Seite 115*

Übung 90 *Lesen Sie den folgenden Interpretationsaufsatz, in dem die biblische Parabel mit der modernen Parabel verglichen wird. Versuchen Sie, die bereits begonnenen Abschnitte zu Ende zu formulieren. Beachten Sie dabei, dass die Bezeichnungen „Einleitung“, „Hauptteil“ etc. nur Hilfestellungen sind, die im fertigen Aufsatz nicht mehr auftauchen dürfen. Wie Sie den Schluss verfassen, lernen Sie auf Seite 72 in der Übung 92.*

► *Lösung Seite 116 f.*

A. Einleitung

Die Lehren Jesu finden sich in den Evangelien des Neuen Testaments oft in der Form von Gleichnissen; auch Franz Kafkas bevorzugte literarische Gattung ist die der parabelhaften Erzählung. Die beiden vorliegenden Parabeln gestalten ein gemeinsames Motiv ...

B. Hauptteil

I. Inhalt

Das *Gleichnis vom verlornen Sohn* handelt von einem Mann ...
Franz Kafkas *Heimkehr* handelt von einem Mann, der ...

II. Aussage

Beide Texte behandeln das Motiv der Heimkehr: Während die biblische Version ...

III. Erzählerische Gestaltung

Formal ist das biblische Gleichnis in der Form einer lehrhaften Erzählung verfasst: Typisch für die biblische Sprache ist das vorangestellte „und“ (vgl. z. B. Z. 1–5) ...

Kafkas Text beginnt mit der Nennung dessen, um den es geht: „Ich“. Die Ich-Erzählperspektive ...

Übung 91 *Wie könnte die Aufgabenstellung lauten, die zu diesem Aufsatz geführt hat?*

► *Lösung Seite 117*

Übung 92 *„Was kommt nur in den Schluss? Wie höre ich auf?" – Diese Frage wird beim Schreiben eines Interpretationsaufsatzes oftmals zum Problem. Hilfreich ist es, wenn man sich über die Funktion des Schlusses klar wird, die darin besteht, ein Thema abzurunden. In den folgenden Beispielen finden Sie verschiedene Formen des Schlusses für den Interpretationsaufsatz in Übung 90. Analysieren Sie, wie der jeweilige Schluss gestaltet ist.*
▶ *Lösung Seite 117*

1) Die „Heimkehr" kann auch als eine Art von Sinnfindung verstanden werden, im einen Fall ist sie eng mit der Familie verbunden, im anderen bietet auch die Familie diese Sinnbestätigung nicht mehr. In der heutigen Zeit, in der es eine ganze Reihe von verschiedenen Familienentwürfen neben der traditionellen Familie gibt, ist diese Vorstellung nach wie vor von Bedeutung.

2) Von einer „Heimkehr" kann in Kafkas Parabel nur in einem oberflächlichen Sinne die Rede sein; das Individuum bleibt „unbehaust" – mit seinem „Geheimnis" (Z. 18) fühlt es sich isoliert und unfähig, zur Gemeinschaft hinzuzustoßen. Das Ende des biblischen Gleichnisses stimmt dagegen sehr viel versöhnlicher, indem es demonstriert, dass das Zusammenkommen auch nach grundsätzlichen Meinungsverschiedenheiten möglich ist.

3) Die „Heimkehr" ist seit Homers *Odyssee* ein beliebtes Motiv der Literatur, das jeweils mit zeitaktuellen Bezügen gestaltet wird: In der *Ulysses* von Joyce wird das Motiv in das Dublin des 19. Jahrhunderts verlegt und für eine Gegenüberstellung von Moderne und Antike genutzt. Borcherts Heimkehrer-Schicksal (vgl. etwa *Draußen vor der Tür*) zeigt den „unbehausten" modernen Menschen, der seine Wurzeln verliert, sich gleichzeitig aber auf die Suche nach ihnen begibt. Aufbruch und Heimkehr sind daher in der Gegensätzlichkeit ihrer Bewegung verwandte Motive; dass Aufbruch auch eine Heimkehr sein kann, zeigt Kafkas Parabel *Der Aufbruch*.

Übung 93 *Interpretieren Sie stichwortartig die folgende Parabel* Der Aufbruch *von Franz Kafka.*
▶ *Lösung Seite 117 f.*

Franz Kafka (1883 – 1924)
Der Aufbruch (entst. 1922, veröff. 1936)

Ich befahl mein Pferd aus dem Stall zu holen. Der Diener verstand mich nicht. Ich ging selbst in den Stall, sattelte mein Pferd und bestieg es. In der Ferne hörte ich eine Trompete blasen, ich fragte ihn, was das bedeute. Er wusste nichts und hatte nichts gehört. Beim Tore hielt er mich auf und fragte: „Wohin reitest du, Herr?“ „Ich weiß es nicht“, sagte ich, „nur weg von hier, nur weg von hier. Immerfort weg von hier, nur so kann ich mein Ziel erreichen.“ „Du kennst also dein Ziel?“, fragte er. „Ja“, antwortete ich, „ich sagte es doch: ‚Weg-von-hier‘, das ist mein Ziel.“ „Du hast keinen Essvorrat mit“, sagte er. „Ich brauche keinen“, sagte ich, „die Reise ist so lang, dass ich verhungern muss, wenn ich auf dem Weg nichts bekomme. Kein Essvorrat kann mich retten. Es ist ja zum Glück eine wahrhaft ungeheure Reise.“

Hinweis: Weitere Parabeln samt den ausgearbeiteten Lösungsvorschlägen finden Sie im dritten Band der Lernhilfen-Reihe *Wie interpretiere ich Fabeln, Parabeln und Kurzgeschichten? Übungen mit Lösungen.*

4. Richtiges Zitieren

Auch die schriftliche Interpretation von kleinepischen Texten kommt nicht ohne geeignete Zitate aus, die die aufgestellten Thesen belegen. Für das korrekte Zitieren müssen bestimmte Regeln eingehalten werden.

Info

Zitierregeln

1. Das Zitat muss inhaltlich passen.
2. Das Zitat muss vollständig sein und genau dem Wortlaut entsprechen.
3. Das Zitat immer mit Belegstelle angeben.
4. Das Zitat darf nicht ohne Erläuterung für sich allein stehen.
5. Das Zitat muss syntaktisch passen.
6. Zitate nur spärlich verwenden, häufig genügt auch der Vergleichshinweis („vergleiche Zeile 5" lautet abgekürzt: „vgl. Z. 5").
7. Auslassungen werden mit „(...)" gekennzeichnet. Begriffe oder zusammengehörende Ausdrücke werden ohne „(...)" zitiert.
8. Hinzufügungen oder Umstellungen werden ebenfalls in Klammern „(...)" gesetzt.
9. Zitate müssen immer zwischen Anführungs- und Schlusszeichen stehen.
10. Lyrische Texte werden als Verse (V.) zitiert; epische Texte und Sachtexte als Zeilen (Z.).

Übung

Übung 94 *Korrigieren Sie die nachfolgenden Zitierweisen. (Die Zitate beziehen sich auf die Textauszüge aus der Fabel* Wolf und Lämmlein *von Martin Luther sowie aus der Kurzgeschichte* Nachts schlafen die Ratten doch *von Wolfgang Borchert.)*

a) Das Lamm entgegnet auf den Vorwurf des Wolfes, dass „ich damals noch nicht geboren war. Warum soll ich für meinen Vater büßen?" (Z. 8 f.)
b) Das Lamm macht sich keine Illusionen über sein zukünftiges Schicksal, denn „warum soll (es) für (s)einen Vater büßen?" (Z. 9)
c) Das Lamm versucht, den Wolf von der Unsinnigkeit des Vorwurfes zu überzeugen, indem es ihm klar macht, dass es nicht verantwortlich sein kann, da es zu der Zeit, in der das Ereignis sich zutrug, „noch gar nicht geboren war" (vgl. Z. 8 f.).
d) Das Lamm widerspricht dem Wolf (V. 8 f.) und fragt ihn: Warum soll ich für meinen Vater büßen? (vgl. V. 9)
e) Der Wolf bekommt zu hören, dass das Lamm „noch nicht geboren war" (Z. 8 f.) und dass es sich weigert, „für (...) Vater zu büßen." (Z. 9)

f) Der Mann kündigt dem Jungen an, ihn nach Hause zu begleiten: „Ich gehe dann mit dir nach Hause, denn ich muss deinem Vater doch sagen, wie so ein Kaninchenstall gebaut wird. Denn das müsst ihr ja wissen." (vgl. Z. 81 f.)

g) Der Mann kündigt dem Jungen an, ihn nach Hause zu begleiten, denn er „muss deinem Vater doch sagen, wie so ein Kaninchenstall gebaut wird." (Z. 81 f.)

h) Der Mann will den Jungen bei seinen Eltern verraten, damit er bestraft wird; unter dem Vorwand: „Ich muss deinem Vater doch sagen, wie so ein Kaninchenstall gebaut wird" will er herausbekommen, wo der Junge wohnt.

► *Lösung Seite 119*

5. Abschlussübung: Was haben Sie gelernt?

Wiederholen Sie hier Ihr Grundwissen zu den epischen Kleinformen, indem Sie die folgenden Begriffe den entsprechenden Definitionen zuordnen. Benutzen Sie das Glossar, wenn Sie Hilfe brauchen.

Zeitstruktur / erlebte Rede / Erzähler / Zeitdeckung / Fabel / Ich-Erzählperspektive / erzählte Zeit / Erzählperspektive / tertium comparationis / Kurzgeschichte / Erzählhaltung / innerer Monolog / Sachteil / Parabel / Bildteil / Zeitraffung / Zeitdehnung / personale Erzählperspektive / Held / Innensicht / Erzählzeit / auktoriale Erzählperspektive

Definition	Begriff
allwissender Erzähler, der den Ablauf des Geschehens kennt und kommentiert (z. B. durch Vorausdeutungen)	a) ______________
Standpunkt, von dem aus der Erzähler die erzählte Welt vermittelt	b) ______________
auktorialer Erzähler beschreibt, was nicht von außen wahrnehmbar ist, er kommentiert und deutet	c) ______________
als Gegenbegriff zum Bildteil das, was eigentlich gemeint ist; Bereich der Wirklichkeit, der im Bildteil verschlüsselt zum Ausdruck kommt	d) ______________
Erzählzeit nahezu identisch mit erzählter Zeit, beschriebener Vorgang dauert in etwa dieselbe Zeit wie die Lektüre; dadurch Eindruck naturgetreuer Wiedergabe, Erhöhung der Eindringlichkeit und Unmittelbarkeit (bes. bei Bewusstseinsstrom)	e) ______________
Vergleichspunkt, der die Analogiebildung von Bildteil und Sachteil bei Fabel und Parabel erlaubt (z. B.: „Er handelt wie ein Fuchs", Vergleichspunkt: „schlau")	f) ______________

Erzählzeit länger als erzählte Zeit, ein in Wirklichkeit kurzer Vorgang wird ausführlich beschrieben, dadurch Erhöhung der Anschaulichkeit	g)	________
Form zwischen direkter und indirekter Rede, innere Vorgänge aus der Perspektive der Figur in der 3. Pers. Präteritum	h)	________
Vermittlungsinstanz zwischen fiktionalem Geschehen und Leser	i)	________
Verhältnis des Erzählers zum erzählten Geschehen	j)	________
Zeit, die das Lesen eines Textes benötigt	k)	________
Zeitraum, über den sich die erzählte Handlung erstreckt	l)	________
wertfreie Bezeichnung für die Hauptfigur eines Werkes	m)	________
Sonderform der personalen Erzählperspektive, Vermittlung des Geschehens aus dem Blickwinkel einer beteiligten Figur in der Ich-Form (Ich-Erzähler nicht identisch mit Autor!)	n)	________
Erzählzeit kürzer als erzählte Zeit, ein in Wirklichkeit lange dauernder Vorgang wird sehr kurz beschrieben, dadurch große Dynamik; geeignet, um längere Zeiträume zusammenzufassen	o)	________
1) Kern („plot") einer epischen oder dramatischen Handlung, 2) literarische Gattung (episch, lyrisch), in der Tiere menschliche Eigenschaften verkörpern, meist mit Lehre, die erzieherischen oder satirischen Effekt erzielen soll	p)	________
Textinhalt einer Fabel oder Parabel, der einem Sachteil zugeordnet werden muss	q)	________
zeitlicher Aufbau einer Erzählhandlung	r)	________

Wiedergabe unausgesprochener Gedanken im Präsens und in der Ich-Form	s) ______________
nach Vorbild der amerikanischen „short story“ eine Erzählung mit unmittelbarem Anfang (Einblendung), reduziertem Personal, straffer und linearer Erzählweise und meist offenem, deutungslosem Schluss; verwandt mit Novelle und Anekdote; Stoffe aus der Alltagswirklichkeit	t) ______________
gleichnishafte Erzählung mit Bild- und Sachteil und einem zumeist nicht ausdrücklich genannten Vergleichspunkt („tertium comparationis“); durch Analogiebildung wird die enthaltene allgemeine sittliche Wahrheit erschlossen	u) ______________
Vermittlung des Geschehens aus dem Blickwinkel einer oder mehrerer beteiligter Figuren	v) ______________

► *Lösung Seite 119*

6. Lösungen

► ***Lösung zu Übung 1***
kein Lösungsvorschlag

► ***Lösung zu Übung 2***
Hier sind individuelle Lösungen verlangt. Wichtig ist, dass die persönlichen Einschätzungen auf entsprechende Textstellen bezogen werden.

► ***Lösung zu Übung 3***
kein Lösungsvorschlag

► ***Lösung zu Übung 4***
In einer vom Krieg zerstörten Stadt begegnet ein älterer Mann Jürgen, der mit einem Stock in der Hand vor einem von einer Bombe getroffenen Haus sitzt. Zunächst versucht der Mann herauszubekommen, was Jürgen an dieser Stelle mache. Jürgen wehrt alle Fragen ab und meint, er könne ihm keine Auskunft darüber geben. Dann teilt der Mann Jürgen mit, dass er in seinem Korb Kaninchenfutter habe, das er seinen 27 Kaninchen bringen wolle. Jürgens Interesse ist nun zwar geweckt, das Angebot, die Kaninchen sehen zu dürfen, schlägt er jedoch wieder mit der Begründung aus, dass er aufpassen müsse.

► ***Lösung zu Übung 5***
Die korrekten Zuordnungen sind: a2, b1, c4, d3.

► ***Lösung zu Übung 6***
Am geeignetsten ist noch Satz a. Möglicher Einleitungssatz: Die 1949 entstandene Kurzgeschichte *Nachts schlafen die Ratten doch* von Wolfgang Borchert handelt von der Begegnung zwischen einem neunjährigen Jungen, der seinen toten Bruder vor Ratten schützen möchte, und einem älteren Mann, der Kaninchen züchtet; sie thematisiert eine optimistische Lebenseinstellung trotz allgegenwärtiger Kriegszerstörung.

► ***Lösung zu Übung 7***
Kontaktaufnahme (Z. 1–7), Problem und „Lösungsversuch" des Erzählers (Z. 8–11), Wahrnehmungen an der Frau (Z. 12–15), Wahrnehmung der Umgebung (Z. 16–21), Beweis der Aussage (Z. 22–25), Versuch der Verifizierung der Behauptung (Z. 26–36), Wahrnehmung der Umgebung (Z. 37–39), Nachdenken über mögliche Hilfe (Z. 39–44), Lösung der Situation durch Betreten der Straßenbahn (Z. 45–49).

► ***Lösung zu Übung 8***

Der Ich-Erzähler wird von einer jungen Frau angesprochen, die behauptet, ihrer Taube seien die Füße ausgerissen worden, sodass sie nicht mehr landen könne. Der Ich-Erzähler nimmt diese Aussage zunächst nicht ernst, als die junge Frau aber insistiert, vermutet er, Opfer eines Ablenkungsmanövers geworden zu sein. Die Begegnung mit der Frau wird dem Erzähler immer unangenehmer und er überlegt sich, ob er sich durch Geld aus der Situation befreien könnte. Beim Betrachten der Frau fällt ihm auf, dass sie alt aussieht; Einstiche am Hals deuten darauf hin, dass sie drogensüchtig ist. Der Ich-Erzähler spürt, dass sie seine Hilfe erwartet.

Beim Umhersehen stellt er fest, dass sich niemand für ihr Gespräch zu interessieren scheint und keiner bereit ist, Hilfe zu leisten. Zum Beweis ihrer Behauptung zeigt die Frau die abgerissenen Vogelfüße, die sie in ihrer Hand hält. Sie verweist darauf, dass der Vogel nun immerfort fliegen müsse, da er nicht mehr sicher landen könne. Der Erzähler kann beim Blick in den Himmel nach wie vor keine Taube sehen. Erneut sind Passagiere an der Haltestelle angekommen, von denen sich niemand um die beiden kümmert. Der Ich-Erzähler macht sich Gedanken darüber, wie er der Frau helfen könnte. Es wird ihm klar, dass das Mädchen in der Taube eine Leidensgefährtin sieht. Ohne weiteren Kommentar löst sich der Erzähler aus der Unterhaltung und besteigt die nächste Straßenbahn.

► ***Lösung zu Übung 9***

Einleitung: Beschreibung einer zerstörten Stadt (Z. 1–3); Hauptteil/Einblendung – Begegnung Jürgens mit einem älteren Mann (Z. 4–10); Grund des Aufenthaltes: 5 Fragen des Mannes zum Grund des Aufenthaltes von Jürgen. Wahrer Grund geht aus Antworten nicht hervor (Z. 11–22); Kaninchenzucht: älterer Mann habe 27 Kaninchen (Z. 23–35); Interesse Jürgens geweckt (Z. 36); Angebot, sie sehen zu dürfen, schlägt Jürgen aus, da er aufpassen müsse (Z. 37–49); Weigerung Jürgens bewirkt Aufbruch des Mannes, Gefahr des Scheiterns des Gesprächs (50 f.); Geständnis: Jürgen offenbart, dass er aufpasse, dass Ratten seinem toten Bruder, der im Schutt des Hauses liegen soll, nichts antun (Z. 52–62); Entgegnung des Mannes, Ratten würden nachts schlafen (Z. 63 f.); Entgegnung überzeugt Jürgen, er will jetzt auch ein weißes Kaninchen (Z. 65–79); Schluss: Abschied des Mannes und sein Versprechen, mit Kaninchen zurückzukommen und mit Jürgen zu dessen Eltern zu gehen, um ihnen beim Bau eines Stalls behilflich zu sein (Z. 80–91).

► ***Lösung zu Übung 10***

In einer vom Krieg zerstörten Stadt begegnet ein älterer Mann Jürgen, der mit einem Stock in der Hand vor einem von einer Bombe getroffenen Haus sitzt. Zunächst versucht der Mann herauszubekommen, was Jürgen an dieser Stelle mache. Jürgen wehrt alle Fragen ab und meint, er könne ihm keine Aus-

kunft darüber geben. Dann teilt der Mann Jürgen mit, dass er in seinem Korb Kaninchenfutter habe, das er seinen 27 Kaninchen bringen wolle. Jürgens Interesse ist nun zwar geweckt, das Angebot, die Kaninchen sehen zu dürfen, schlägt er jedoch wieder mit der Begründung aus, dass er aufpassen müsse. Die erneute Weigerung Jürgens veranlasst den Mann zum Aufbruch. Da offenbart ihm Jürgen, dass er darauf Acht gebe, dass Ratten seinem toten Bruder, der im Schutt des Hauses liegen soll, nichts antun. Der Mann entgegnet darauf, dass Ratten doch nachts schliefen und dass Jürgen daher ohne weiteres nach Hause gehen könne.
Diese Nachricht überzeugt Jürgen; am Ende der Geschichte geht er auf das Angebot des Mannes ein, sich von ihm nach Hause bringen zu lassen, wenn die Dunkelheit einbricht. Der Mann verabschiedet sich mit dem Versprechen, in kurzer Zeit mit einem weißen Kaninchen für Jürgen zurückzukommen und mit dem Jungen nach Hause zu gehen, um den Eltern beim Bau eines Stalls zu helfen.

▶ *Lösung zu Übung 11*

c)

▶ *Lösung zu Übung 12*

Thomas Hürlimanns *Flug durch Zürich* thematisiert die Problematik humanen Handelns im Alltag.

▶ *Lösung zu Übung 13*

Die Weise, wie ein Erzähler dem Leser den Text vermittelt, wird Erzählhaltung (auch Erzählweise) genannt. Individuelle und differenzierende Beschreibungen dieser Vermittlung werden mit Wörtern wie z. B. „allwissend“, „distanziert“, „betrachtend“ formuliert. Es ist auch möglich, sie einem allgemeinen Typus zuzuordnen. Man unterscheidet:

- den allwissenden (auktorialen) Erzähler: Er kennt das gesamte Geschehen, mischt sich durch Erläuterungen, Kommentare, Wertungen ein und spricht den Leser direkt an. Der auktoriale Erzähler ist genauso wie die Figuren eine vom Autor geschaffene Gestalt.
- den Ich-Erzähler: Er ist mit einer Figur des Textes identisch und gehört damit zur fiktiven Welt des epischen Textes.
- die personale oder Er-Erzählhaltung: Der Erzähler tritt vollständig zurück und erzählt aus dem eingeschränkten Blickwinkel einer Person.

Die Entwicklung und Darstellung des Geschehens wird durch einzelne Erzählschritte markiert. Beim Geschehen kann man zwischen dem äußeren („sichtbare“ Handlung) und dem inneren Geschehen (Gedanken, Gefühle, Ängste) unterscheiden. Diese Unterscheidung gilt prinzipiell für alle literarischen Gattungen.

Die Erzählhaltung (auktorial, personal und Ich-Perspektive) bestimmt entscheidend die Erzählperspektive, d. h. den Blickpunkt, von dem aus der Erzähler auf das Geschehen schaut. Vor allem in modernen Texten wird die Erzählhaltung durch Techniken wie innerer Monolog (Gedanken einer Figur in der 1. Person) oder erlebte Rede (in der 3. Person) variiert.
Ein wichtiges Gestaltungsmerkmal epischer Texte ist das Verhältnis von Erzählzeit (durchschnittliche Zeit, die ein Leser zur Lektüre braucht) und erzählter Zeit (Zeit, in der sich die Handlung abspielt). Diese kann in verschiedene Zeitebenen (z. B. durch Einfügen von Rückblenden) aufgeteilt sein.
Aus dem Verhältnis von Erzählzeit und erzählter Zeit ergibt sich z. B. die Zeitdehnung (Verhältnis zugunsten der Erzählzeit verschoben, Erzählzeit länger als erzählte Zeit) oder die Zeitraffung (Verhältnis zugunsten der erzählten Zeit verschoben, Erzählzeit kürzer als erzählte Zeit) im umgekehrten Fall.
Die Untergliederung epischer Formen wird unterschiedlich vorgenommen. Zu den so genannten Großformen, zählen unter anderem Roman und Epos, zu den so genannten Kleinformen Novelle, Kurzgeschichte, Märchen, Parabel, Fabel, Anekdote.

► *Lösung zu Übung 14*
Die Kurzgeschichte ist aus der personalen Erzählperspektive geschrieben, sie ist überwiegend zeitdeckend (Dialog) und sie bedient sich überwiegend der Sichtweise des kleinen Jungen.

► *Lösung zu Übung 15*
Durch diese Erzählperspektive wird aus der Sicht eines Kindes eine unmittelbare (durch Dialoge) und eindringliche Beschreibung der Lebensverhältnisse in einer zerstörten Stadt erreicht.

► *Lösung zu Übung 16*
Ich-Erzähler, die eigenen Gedanken kommentierend (vgl. Z. 10 f.), Raum- und Zeitstruktur: unvermittelter Erzählbeginn, nähere Information über den Ort (Bahnhof Zürich), unbestimmte Zeitangabe; insgesamt kurze Erzählzeit ohne Rückblenden oder Vorausdeutungen, zeitdeckendes Erzählen; Dialoge und innerer Monolog.

► *Lösung zu Übung 17*
(a) Wortarten, (b) Nominalstil, (c) Adjektiven und adverbialen Bestimmungen, (d) Verbalstil, (e) Satzbau, (f) lange, kurze oder mittellange Sätze, (g) Parataxe, (h) Hypotaxe, (i) Satzarten

► *Lösung zu Übung 18*
überwiegend einfache, kurze, auch unvollständige Sätze, überwiegend hypotaktischer Satzbau; Wirkung: Wiedergabe einer alltäglichen Situation.

▶ ***Lösung zu Übung 19***

Satzarten: Fragesätze (vor allem von Seiten des Mannes), Aussagesätze von Seiten des Jungen; der ältere Mann bringt das Gespräch durch seine Impulse in Gang und hält es am Leben, der Junge antwortet eher widerwillig; erst als auch der Junge einen Fragesatz formuliert: „Wenn ich eins kriegen kann? Ein weißes vielleicht?" (Z. 79) wird seine Veränderung sichtbar.

▶ ***Lösung zu Übung 20***

„Ratten" (fünfmal), „Kaninchen" (achtmal)

▶ ***Lösung zu Übung 21***

Es herrscht ein ausgeglichenes Verhältnis zwischen allen verwendeten Wortarten, keine Dominanz eines Stils.

▶ ***Lösung zu Übung 22***

Der Stil wird vor allem durch die Gesprächssituation geprägt, er lässt sich als Wiedergabe alltagssprachlicher Kommunikation beschreiben mit den Attributen sprechsprachlicher Ausdrucksweise (z. B. Wiederholungen, unvollständige Sätze, Interjektionen).

▶ ***Lösung zu Übung 23***

Erzählerisches Gestaltungsmittel	Belegstelle	Intention bzw. Wirkung
Asyndeton	vgl. Z. 6–9	summierende Beschreibung der erzählerischen Voraussetzungen
Metapher	„Flöhe der Leidenschaft" (Z. 17)	Ausdruck der Nichtigkeit sexueller Begierde
Hyperbel	„pompöse Leere" (Z. 21)	Ausdruck der ihn überwältigenden Einsamkeit (evtl. auch intendierte Schutzbedürftigkeit)
Vergleich	„nicht viel größer als ein Kind" (Z. 22)	Ausdruck der ihn überwältigenden Einsamkeit (evtl. auch intendierte Schutzbedürftigkeit)

Allegorie	„schwarzer Vogel" (Z. 24, vgl. auch Z. 82)	Bezeichnung für die Schwermut, Eigenschaft des Fliegen-Könnens als Hinweis darauf, dass die Schwermut ihn überall erreichen kann
Farbsymbol	„schwarz" (Z. 24)	Ausdruck der Trauer, konnotiert mit Tod
leitmotivische Anklänge	„Auf seinen dünnen Beinen stakste der Lange davon." (Z. 84)	Vogel-Allegorie in der Beschreibung des Obers
leitmotivisch verwendete Metapher	„Dampfer" (Z. 15, 38, 91)	Der Dampfer steht für Lebenslust, Lebenskraft, das Leben schlechthin und erscheint zunächst in Verbindung mit den Mädchen (vgl. Z. 16) und dann als in der Dunkelheit verschwindender Dampfer. Von der Lebenslust der Mädchen distanziert sich Keller – wie auch von den lebensfrohen Feierlichkeiten zu Ehren seines Geburtstages.
Personifizierung	Dampfer, der von der Finsternis „verschluckt" wird (Z. 91)	das Leben Kellers, das von Schwermut und Tod umfangen wird
Metaphorik	„hell" (vgl. z. B. Z. 34: „Himmelshelle") und „dunkel" (vgl. z. B. Z. 93: „Finsternis")	Gegenüberstellung von Leben und Tod

direkte Rede, teilweise im Schweizer Dialekt	vgl. Z. 25 u. ö.	Herstellung von Unmittelbarkeit, Anspruch von Authentizität
Neologismus	„Bank- und Schlotbarone" (Z. 31)	Verstärkung der ablehnenden Haltung gegenüber dem Ober
Wiederholung, Klimax	„(er) trank, trank hastig, er trank, um froh zu bleiben, heiter" (Z. 40)	Veranschaulichung seines Bestrebens, die Schwermut durch starken Alkoholkonsum fernzuhalten
asyndetische Reihung	vgl. Z. 43–49	Aufbau einer Erwartungshaltung und von Spannung
Tempuswechsel	vgl. Z. 50–54	szenisches Präsens statt epischen Präteritums zur Verstärkung der Überraschungseffekte, Erhöhung von Spannung und Unmittelbarkeit
personale Erzählhaltung mit indirekter Rede	vgl. Z. 58 f., Z. 62–64	zur deutlichen, auch formalen Distanzierung von der Meinung des Obers aus dem Blickwinkel Kellers
Ellipse	vgl. Z. 66	zur deutlichen, auch formalen Distanzierung von der Meinung des Obers aus dem Blickwinkel Kellers
literarisches Zitat	vgl. Z. 57 f.	zur deutlichen, auch formalen Distanzierung von der Meinung des Obers aus dem Blickwinkel Kellers

umgangssprachliche Wendung	„anglotzen" (Z. 72)	Ausdruck der Überraschung über die Unverfrorenheit der unqualifizierten Äußerung des Obers
Alliterationen	„Glocken"/„Gipfel"/ „Glas"/„Land"/ „leuchten ließ"/ „lachen" (Z. 77 f.)	Zusammenhang zwischen den Feierlichkeiten und der Reaktionen des Dichters auf die kritischen Bemerkungen des Obers
Correctio	„Jetzt war er da – der Vogel war da." (Z. 81 f.)	Unterstreichung der negativen Folgen des Gesprächs für Keller
Wiederholung, Emphase	„no e Guttere, noch eine Flasche" (Z. 82 f.)	Ausdruck des Ärgers über die anmaßenden Äußerungen des Obers
kurzer Fragesatz, Ellipsen	„Was tun? Fliehen! Zu spät" (Z. 86 f.)	Hinweis auf die Notwendigkeit einer schnellen Entscheidung und Vergeblichkeit des Fluchtversuchs

► *Lösung zu Übung 24*

Erzählerisches Gestaltungsmittel	Belegstelle	Intention bzw. Wirkung
Metapher	„kleine Kuhlen" (Z. 69 und Z. 74)	als Betten gedeutet (vgl. Z. 69 f.): Assoziation mit Grab/Tod als Kaninchen gedeutet (vgl. Z. 74 f.): Assoziation mit Leben/Fruchtbarkeit
Metapher Wiederholung	„Ratten" (fünfmal), „Kaninchen" (achtmal)	Ratten stehen für Tod, treten beim Tod eines Lebewesens auf (direkte Verbindung in Z. 53 ff.) Kaninchen stehen dagegen für das Lebendige, Lebensfrohe Schlüsselwörter, die Assoziationen ermöglichen und Kontrastwirkung erzielen
Personifizierung, umgangssprachlicher Ausdruck	„Die Schuttwüste döste" (Z. 2 f.)	„dösen" als unaufmerksames Vor-sich-hin-Starren, Einsamkeit des Individuums hervorgehoben
Farbsymbole	„weiß" (Z. 79)	Weiß als Farbe des Lichts kündigt neues Leben an
	„blaurot" (Z. 1)	Blau als Farbe der Trauer, Rot als Farbe des Lebens: Abschied und Neuanfang angekündigt; Neuanfang überwiegt am Ende (vgl. Z. 88)
	„rot" (Z. 88)	Rot als Farbe des Lebens (in Verbindung mit dem Lebenssymbol „Sonne", die zwar untergeht, aber dadurch neues Leben schafft)

	„grün" (Z. 90)	Farbe des Lebens, am Ende überwiegt der Lebenswille, auch wenn Zerstörung („etwas grau" in Z. 90 f.) noch dabei ist
	„etwas grau" (Z. 90 f.)	im Kontext mit Schutt, also mit Zerstörung assoziiert
Attribute	„hohle Fenster" (Z. 1), „vereinsamte Mauer" (Z. 1), „steilgereckte Schornsteinreste" (Z. 2), „ärmlich behoste Beine" (Z. 6)	Verstärkung des Eindrucks von Vernichtung, Armut und Vereinzelung
adverbial gebrauchte Adjektive (Antiklimax)	„mutig" (Z. 15), „verächtlich" (Z. 20), „geringschätzig" (Z. 25), „unsicher" (Z. 38), „zaghaft" (Z. 45), „traurig" (Z. 49)	schrittweise Näherung an die Grundstimmung des Jungen; Aufgabe des Jungen erfordert zwar Mut, die unnatürliche Beschäftigung macht ihn aber traurig, er möchte am Leben teilhaben (Kontrast vgl. Z. 48 f.).
Wiederholung	„rief" (Z. 84–86)	Aufregung verdeutlicht Begeisterung über neu gewonnene Lebensperspektive
einfache Syntax, meist parataktische Fügungen, unvollständige Sätze	z. B. „Unser Lehrer" (Z. 56)	Sprache hat es „eilig", Alltagssprache, Erhöhung des Realitätseindrucks

► Lösung zu Übung 25

menschlich, großzügig, erzieherisch, klug, sensibel

► Lösung zu Übung 26

Direkte Charakterisierung	Indirekte Charakterisierung
Kommentierung von Handlungen, Verhaltensweisen oder Äußerungen durch den Erzähler oder andere Figuren	Aussagen der Figur, die über ihre Wesensart Aufschluss geben
Beschreibung von Handlungen, Verhaltensweisen oder Äußerungen durch den Erzähler oder andere Figuren	Verhalten und Handeln der Figur
	sozialer Stand der Figur
	Äußerungen der Figur über sich selbst
	äußere Erscheinungsweise (Kleidung, Körperhaltung, Aussehen)

► Lösung zu Übung 27

Textbeleg	Charaktermerkmal
„etwas ärmlich behoste Beine" (Z. 6)	→ kennt Notzeiten
„einen älteren Mann" (Z. 8 f.)	→ lebenserfahren aufgrund seines Alters
„Der Mann setzte den Korb ab und wischte das Messer an seinem Hosenboden hin und her." (Z. 18 f.)	→ unkonventionell, undogmatisch
„Donnerwetter, ja!, sagte der Mann verwundert, bist ja ein fixer Kerl." (Z. 27)	→ kann motivieren
„Dann weißt du ja auch, wie viel drei mal neun sind, wie?" (Z. 30 f.)	→ pädagogisch geschickt
„Schade, der Mann bückte sich zu seinem Korb" (Z. 46)	→ geduldig

„Ich gehe dann mit dir nach Hause, weißt du? Ich muss deinem Vater doch sagen, wie so ein Kaninchenstall gebaut wird. Denn das müsst ihr ja wissen." (Z. 81 ff.)	→ pädagogisch geschickt

► ***Lösung zu Übung 28***

Der Mann, der Futter für seine 27 Kaninchen gesammelt hat, das er in einem Korb durch eine zerstörte Stadt trägt und der dabei auf den Jungen Jürgen trifft, kennt Notzeiten offenbar sehr genau, da er selbst ein Betroffener der Kriegsauswirkungen ist. Dies wird an der Beschreibung seiner Kleidung mit dem Ausdruck „etwas ärmlich behoste Beine" (Z. 6) deutlich. Dass er das Messer „an seinem Hosenboden" (Z. 18 f.) abwischt, kann als Zeichen gedeutet werden, dass er aus ärmlichen Verhältnissen stammt; es kann gleichfalls als ein Hinweis auf eine unkonventionelle, undogmatische Lebenseinstellung gedeutet werden. Der Erzähler beschreibt ihn direkt als „einen älteren Mann" (Z. 8 f.), vom Ende der Geschichte her erweist sich das Alter auch als ein Ausdruck von großer Lebenserfahrung. Diese Erfahrung paart sich mit pädagogischem Geschick; so versucht er, bei Jürgen Interesse am Inhalt des Korbes zu wecken, indem er ihn auf die Probe stellt: „Dann weißt du ja auch, wie viel drei mal neun sind, wie?" (Z. 30 f.) Er spart auch nicht mit Lob, das ist ein weiteres Indiz für sein pädagogisches Geschick, das auch zur Motivation fähig ist: „Donnerwetter, ja!, sagte der Mann verwundert, bist ja ein fixer Kerl." (Z. 27)

▶ ***Lösung zu Übung 29***

Gottfried Keller **Charaktermerkmal**	**Textbeleg**
präzise direkte äußere Charakterisierung	genaue Bezeichnung von Name, Alter und Beruf, äußerliche Erscheinung nur vage beschrieben (Hinweis auf kleine Statur in Z. 22 und Z. 39), historische Persönlichkeit
hohes Ansehen in der Bevölkerung	Bevölkerung hält zu seinen Ehren umfangreiche Geburtstagsfeierlichkeiten ab; Widerspruch zwischen der Abneigung öffentlich gefeiert zu werden und der Entrüstung über die mangelnde öffentliche Anerkennung seines Werkes (durch den Kellner)
altersbedingte Einschränkungen	Gicht (vgl. Z. 20), mangelndes Interesse an Sexualität (vgl. Z. 16–18), Zittern (vgl. Z. 78)
misanthropische und menschenscheue Züge	Keller versucht, den offiziellen Feierlichkeiten zu entkommen, indem er sich unter falschem Namen in einem Hotel einquartiert; fühlt sich als Außenseiter. Das Gespräch mit dem Ober ist ihm unangenehm (vgl. Z. 25–33). Durch die kritischen Äußerungen des Obers fühlt sich Keller verletzt, auch wenn er sonst öffentliche Ehrungen vermeiden will.
Hang zu Vorurteilen	vgl. die Ablehnung des Obers aufgrund historischer Pauschalisierung in Z. 28–33
Hang zur Melancholie	vgl. Z. 24 u. ö., Vereinsamung und Neigung zu starkem Alkoholkonsum

Ober Charaktermerkmal	Textbeleg
wenige Angaben über sein Äußeres	(„langbeinig“, vgl. Z. 25), keine historisch bestimmbare Person, möglicherweise erfunden
gesprächsfreudig	vgl. Z. 25 ff.
dienstbeflissen	vgl. Z. 25
aufdringlich	vgl. Z. 59 ff.; informiert, teilt aber auch offen seine Meinung mit, ohne auf die des Gastes Rücksicht zu nehmen, wirkt dadurch vorlaut und anmaßend

► ***Lösung zu Übung 30***

a) Fluchtgedanken, b) Verantwortung, c) Unsicherheit, d) Fluchtversuch, e) Misstrauen, f) selbstkritisch, g) Verstehen, h) Auseinandersetzung, i) Anonymität

► ***Lösung zu Übung 31***

die junge Frau, der Ich-Erzähler, die „Jemands“

► ***Lösung zu Übung 32***

unsicher, verweigert Verantwortungsübernahme, hilflos, flieht in die Masse zurück

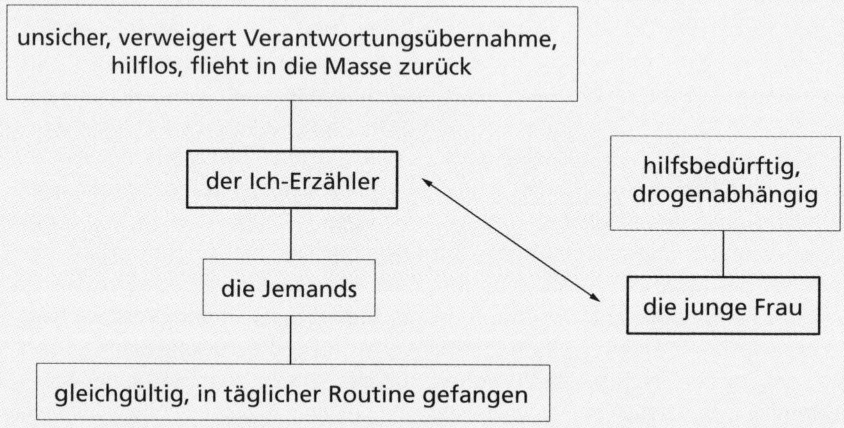

► *Lösung zu Übung 33*

Der Ausdruck „die Jemands" steht für eine Öffentlichkeit, in die der Einzelne integriert und nicht mehr individuell benennbar ist: „Auf der Tramhaltestelle stehen die Jemands in einer Reihe. Jemand beißt die Zähne zusammen, jemand hört hin, jemand sieht weg, jemand trägt Schlaf im Gesicht, und jemand blickt in den Abgrund seiner Zeitung, jetzt eine Klingel, schrill naht das Tram, pass doch auf, Idiot, meine Nerven" (Z. 16–19, vgl. auch Z. 37–39). Die Gleichgültigkeit dieser Öffentlichkeit wird vom Erzähler kritisiert: „Jemand hört hin, jemand sieht weg" (Z. 46). Der Einzelne kann sich dem direkten Angesprochen-Werden durch das Leid des anderen entziehen, indem er in dieser Menschenmenge aufgeht und sich unauffällig verhält. Die Integration in die Gruppe der „Jemands" bedeutet auch, dass sich der Einzelne der Verantwortung entziehen kann.

► *Lösung zu Übung 34*

A. Einleitung

Die Kurzgeschichte *Nachts schlafen die Ratten doch* von Wolfgang Borchert handelt von der Begegnung zwischen einem neunjährigen Jungen, der seinen toten Bruder vor Ratten schützen möchte, und einem älteren Mann, der Kaninchen züchtet.

B. Hauptteil

I. Inhalt

In einer vom Krieg zerstörten Stadt begegnet der ältere Mann Jürgen, der mit einem Stock in der Hand vor einem von einer Bombe getroffenen Haus sitzt. Zunächst versucht der Mann herauszubekommen, was Jürgen an dieser Stelle mache. Jürgen wehrt alle Fragen ab und meint, er könne ihm keine Auskunft darüber geben. Dann teilt der Mann Jürgen mit, dass er in seinem Korb Kaninchenfutter habe, das er seinen 27 Kaninchen bringen wolle. Jürgens Interesse ist nun zwar geweckt, das Angebot, die Kaninchen sehen zu dürfen, schlägt er jedoch wieder mit der Begründung aus, dass er aufpassen müsse.
Die erneute Weigerung Jürgens veranlasst den Mann zum Aufbruch. Da offenbart ihm Jürgen, dass er darauf Acht gebe, dass Ratten seinem toten Bruder, der im Schutt des Hauses liegen soll, nichts antun. Der Mann entgegnet darauf, dass Ratten doch nachts schliefen und dass Jürgen daher ohne weiteres nach Hause gehen könne.
Diese Nachricht überzeugt Jürgen; am Ende der Geschichte geht er auf das Angebot des Mannes ein, sich von ihm nach Hause bringen zu lassen, wenn die Dunkelheit einbricht. Der Mann verabschiedet sich mit dem Versprechen, in kurzer Zeit mit einem weißen Kaninchen für Jürgen zurückzukommen und mit dem Jungen nach Hause zu gehen, um den Eltern beim Bau eines Stalls zu helfen.

II. Aussage

Wolfgang Borchert erzählt ein Ereignis, das sich in einer nicht näher bestimmten Stadt während der Kriegs- oder Nachkriegszeit zuträgt. Deutlich zum Ausdruck kommt der Zwiespalt zwischen Tod und Zerstörung auf der einen und dem Leben auf der anderen Seite. Das von dem Mann geweckte Interesse des Jungen an Kaninchen könnte auf einen optimistischen Appell Borcherts hindeuten, sich trotz der gegenwärtigen Zerstörungen dem Leben zuzuwenden.

III. Erzählweise und sprachliche Gestaltung

Der Verwirklichung dieser Intention dienen auch die zum Einsatz kommenden sprachlichen Mittel und die Erzählweise. Die Kurzgeschichte ist aus der personalen Erzählerspektive geschrieben, sie bedient sich überwiegend der Sichtweise des kleinen Jungen. Dadurch wird aus der Sicht eines Kindes eine eindringliche Beschreibung der Lebensverhältnisse in einer zerstörten Stadt erreicht, diese Eindringlichkeit resultiert auch aus der Verwendung bestimmter Attribute, z.B. in „hohle Fenster" (Z. 1) oder „ärmlich behoste Beine" (Z. 7). Die personale Erzählweise bewirkt zusammen mit einer Sprache, die durch einfache, meist parataktische Fügungen (vgl. Z. 56) und Wiederholungen (vgl. Z. 84–86) den Eindruck von Eile erzeugt, eine direkte, distanzlose Darstellung der Realität und verstärkt dadurch auch die Wirkung des optimistisch anmutenden Endes.

Der Dualismus von Tod und Leben kommt bei der Betrachtung der sprachlichen Mittel zum Ausdruck: die Metapher „kleine Kuhlen" wird in Z. 69 zunächst mit Grab und Tod assoziiert, in Z. 74 f. steht sie dann in Verbindung mit „Kaninchen" für Leben und Fruchtbarkeit. Ratten und Kaninchen werden gleichfalls in Verbindung mit Tod und Leben gebracht. Der Text ordnet die Ratten in Z. 53 f. direkt dem Tod eines Lebewesens zu, dagegen stehen die Kaninchen nicht nur traditionell, sondern auch im Kontext von *Nachts schlafen die Ratten doch* für Fruchtbarkeit und Lebensfreude. Die häufige Wiederholung dieser beiden Tierarten im Sinne kontrastierender Schlüsselworte ist ein auffälliges sprachliches Merkmal der Kurzgeschichte.

Zu diesen Schlüsselworten tritt eine ausgeprägte Farbsymbolik: Zu Beginn der Geschichte wird durch Personifizierung und Umgangssprache die Vereinsamung des Individuums in der zerstörten Stadt verdeutlicht: „Das hohle Fenster in der vereinsamten Mauer gähnte blaurot voll früher Abendsonne. (...) Die Schuttwüste döste" (Z. 1–3). „Blaurot" ist zusammengesetzt aus der Farbe Blau, die allgemein als Farbe der Trauer gilt, und der Farbe Rot, die für das Leben stehen kann. In dieser Metapher kündigt somit die Verwendung der Farben Abschied und Neuanfang an.

IV. Interpretation des Schlusses

Am Ende der Geschichte überwiegt das Rot der Sonne (vgl. Z. 88), das heißt, dass das Leben sich gegenüber dem Tod und der Vernichtung durchgesetzt hat. Die Sonne als Lebenssymbol lässt zusätzlich die Vermutung zu, dass das Ende der Geschichte von einer optimistischen Zukunftsperspektive bestimmt wird, auch wenn das grüne Kaninchenfutter – grün steht gleichfalls für das Leben – „etwas grau vom Schutt" (Z. 90 f.) ist. Die hinter dieser Symbolik zu formulierende Aussage lautet: Zerstörung lässt sich nicht aus dem Leben verbannen, aber die Lebensfreude soll überwiegen. Der Abschied des Mannes am Ende der Kurzgeschichte lässt die Frage offen, ob Jürgen geholfen wird; Andeutungen, die optimistisch stimmen, sind die Farbsymbole „rot"(Z. 88) und „grün"(Z. 90), aber auch die Metaphern „Kaninchenfutter" (Z. 90) und „Sonne" (Z. 88), die allesamt mit Leben in Verbindung gebracht werden können.

Auch die in Z. 80–83 formulierte Zukunftsperspektive lässt den Schluss zu, dass der Junge aus seiner Lage befreit wird. Der ältere Mann will Kontakt zu den Eltern des Jungen aufnehmen und ihnen beim Stallbau helfen; dieses Angebot ist auch als Zeichen der Solidarität in Notzeiten deutbar, die Menschen halten zusammen und arbeiten miteinander, um die Notsituation zu überwinden.

C. Schluss

Der Appell, solidarisch mit Notleidenden zu sein, lässt sich als allgemeingültige Lehre der Kurzgeschichte formulieren. Diese Allgemeingültigkeit macht sie fast zur Parabel für gelungenes menschliches Miteinander. Auch in der heutigen Zeit ist ein solcher Appell aktuell: Solidarität können Menschen üben, wenn sie z. B. Flüchtlinge aus Krisengebieten aufnehmen oder bei Naturkatastrophen tatkräftige Aufbauhilfe leisten. Borchert hat mit seiner Kurzgeschichte ein eindrucksvolles Beispiel dafür gegeben, wie jeder Einzelne mit einem geringen Aufwand dringend benötigte Hilfe leisten kann.

► *Lösung zu Übung 35*

Die Aufgabenstellung könnte z. B. lauten: „Fassen Sie den Inhalt der Kurzgeschichte zusammen. Erarbeiten Sie die wesentlichen erzählerischen Gestaltungsmittel und formulieren Sie eine plausible Deutung des Endes." Auch eine verkürzte Aufgabenstellung wie etwa „Interpretieren Sie die vorliegende Kurzgeschichte" wäre möglich.

► *Lösung zu Übung 36*

1) aktuelle Bedeutung des Themas; 2) Hinweis auf andere literarische Bearbeitungen des Themas/Einordnung in den ideengeschichtlichen Kontext; 3) Appell; 4) Gestaltung des Stoffes in der Gegenwartsliteratur; 5) Appell und aktuelle Bedeutung

▶ *Lösung zu Übung 37*

Beispiel für eine mögliche Ausarbeitung des Aufsatzes

A. Einleitung

Thomas Hürlimann gehört zu den bekanntesten Schriftstellern der Schweiz, bereits seine erste Publikation, der 1981 erschienene Erzählband *Die Tessinerin*, wurde mit Literaturpreisen ausgezeichnet (Aspekte-Literaturpreis, Rauriser Literaturpreis). Themen seiner Erzählungen und Dramen, die überwiegend in der Schweiz spielen, sind alltägliche existenzielle Grenzerfahrungen. Auch die vorliegende Kurzgeschichte befasst sich mit diesem Thema.

B. Hauptteil

I. Inhalt und Aussage

1. Inhalt

Der Ich-Erzähler wird von einer jungen Frau angesprochen, die behauptet, ihrer Taube seien die Füße ausgerissen worden, sodass sie nicht mehr landen könne. Der Ich-Erzähler nimmt diese Aussage zunächst nicht ernst, als die junge Frau aber darauf insistiert, vermutet er, Opfer eines Ablenkungsmanövers geworden zu sein. Die Begegnung mit der Frau wird dem Erzähler immer unangenehmer und er überlegt sich, ob er sich durch Geld aus der Situation befreien könnte. Beim Betrachten der Frau fällt ihm auf, dass sie alt aussieht; Einstiche am Hals deuten darauf hin, dass sie drogensüchtig ist. Der Ich-Erzähler spürt, dass sie seine Hilfe erwartet.

Beim Umhersehen stellt er fest, dass sich niemand für ihr Gespräch zu interessieren scheint und keiner bereit ist, Hilfe zu leisten. Zum Beweis ihrer Behauptung zeigt die Frau die abgerissenen Vogelfüße, die sie in ihrer Hand hält. Sie verweist darauf, dass der Vogel nun immerfort fliegen müsse. Der Erzähler kann beim Blick in den Himmel nach wie vor keine Taube sehen. Erneut sind Passagiere an der Haltestelle angekommen, von denen sich niemand um die beiden kümmert. Der Ich-Erzähler macht sich Gedanken darüber, wie er der Frau helfen könnte. Es wird ihm klar, dass das Mädchen in der Taube eine Leidensgefährtin sieht. Ohne weiteren Kommentar löst sich der Erzähler aus der Unterhaltung und besteigt die nächste Straßenbahn.

2. Aussage

Als Aussage lässt sich formulieren, dass Mitmenschen fähig sind, die Leidenssituation eines anderen zu verstehen, dass sie aber gleichzeitig die Verantwortung scheuen, die das Nachdenken über Zuwendung und Hilfe mit sich bringt. Genauso wie die Taube gezwungen ist, ohne Füße immer in der Luft zu bleiben, genauso hat das Mädchen seinen Halt in der bürgerlichen Gesellschaft verloren. Die anderen Menschen und am Ende auch der Ich-Erzähler betrachten sie als Außenseiterin. Auch die anderen „fliegen" durch Zürich, indem sie ohne Beachtung der Mitmenschen ihren eigenen Zielen folgen.

II. Sprachliche Gestaltung als Kurzgeschichte

Die Kurzgeschichte ist – nach dem Vorbild der amerikanischen „short story" – eine Erzählung mit unmittelbarem Anfang (Einblendung), reduziertem Personal, straff-linearer und kaum interpretierender bzw. kommentierender Erzählweise und meist offenem, deutungslosem Schluss; sie ist verwandt mit Novelle und Anekdote; ihre Stoffe stammen aus der Alltagswirklichkeit, sie bietet einen Ausschnitt aus einer alltäglichen Szene, sie verwendet schmucklose Alltagssprache und einen knappen „Bericht"-Stil; sprachliche Mittel werden sparsam benutzt. Die Kurzgeschichte gestaltet ein zentrales Problem von existenzieller Bedeutung. Hürlimanns Erzählung trägt die typischen Kennzeichen der Kurzgeschichte: Der Erzähler verwendet Alltagssprache mit umgangssprachlichen Wendungen (vgl. z. B. „Rotz", Z. 13), teilweise Fäkalsprache (vgl. z. B. „Arsch", Z. 8), zahlreiche Wiederholungen (vgl. z. B. „jemand", Z. 16 f.) und einfache Formulierungen. Die Syntax wird bestimmt durch zahlreiche unverbundene und zum Teil elliptische parataktische Fügungen (vgl. z. B. Z. 2–5), die den Eindruck der Atemlosigkeit erwecken. Raum- und Zeitstruktur werden durch den unvermittelten Erzählbeginn, nähere Informationen über den Ort (Bahnhof Zürich), unbestimmte Zeitangaben modelliert; es handelt sich insgesamt um eine kurze Erzählzeit ohne Rückblenden oder Vorausdeutungen. Die Figuren stammen aus der aktuellen Gegenwart. Der Aufbau ist typisch für einen Kurzgeschichte: Nach einem voraussetzungslosen Beginn (Kurzgeschichte „blendet" sich in das Geschehen ein) erfolgt eine Handlungssteigerung bis zu Z. 42 ff.: „Sie gehören zusammen, die sterbende Taube und das Mädchen, ein Flug, ein Tanz durch die Stadt", der Schluss besteht in der scheinbaren Lösung der Problematik durch die „Flucht" des Erzählers.

Das Ende bleibt offen bzw. ohne deutliche Lösung. In der Metapher „Hin und wieder flackert die Sonne durch die Scheiben, und irgendwo da oben fliegt dieser Vogel, der sich ein Mädchen hinterherzieht, von Wolke zu Wolke, durch den Nebel, in die Sonne." (Z. 46–48) findet sich ein Hinweis auf die Todesnähe der drogensüchtigen Frau.

C. Schluss

Mit dem Aufgreifen von Themen der Alltagsgegenwart steht Hürlimanns Geschichte in der Tradition der deutschen Kurzgeschichte seit Borchert. Wenn Borchert mit seinen Alltagsszenen auf die Unmenschlichkeit des Krieges hinweisen will, so will Hürlimanns moderne Kurzgeschichte auf Defizite im alltäglichen Umgang mit Menschen, die sich in einer Notsituation befinden, aufmerksam machen. Die Reaktion des Erzählers lässt sich gut nachvollziehen; deswegen sollte sie eine Diskussion über Handlungsalternativen eröffnen.

► *Lösung zu Übung 38*
Bei der vorliegenden Erzählung handelt es sich um eine Novelle. Unter einer „Novelle" (ital. „Neuigkeit") versteht man in der Literaturwissenschaft eine kürzere Vers- oder Prosaerzählung über eine „unerhörte Begebenheit" (Goethe), die nicht alltäglich, aber wahrscheinlich (Unterschied zum Märchen) ist. Ihre traditionelle, auf das Wesentliche beschränkte Struktur mit Einleitung, Steigerung, Höhe- und Wendepunkt und fallender Handlung/Schluss lässt sich bereits im Aufbau des vorliegenden ersten Kapitels aus Hürlimanns *Dämmerschoppen* nachweisen. Merkmale sind z. B.:
- zentrales Ereignis mit Realitätsanspruch (konkrete räumliche und zeitliche Bezüge) und Neuigkeitswert (vgl. Goethes Definition der Novelle als „sich ereignete unerhörte Begebenheit");
- Erzählweise linear und straff auf dieses Ereignis hin ausgerichtet;
- durchstrukturierter Aufbau mit kurzer Exposition, Steigerung, Höhepunkt und Wendepunkt, Ausklingen der Handlung/Resultat – Verwandtschaft mit dem Aufbau des klassischen Dramas;
- Dingsymbole, Leitmotive als wichtige sprachliche Gestaltungsmerkmale.

Die Kurzgeschichte ist – nach dem Vorbild der amerikanischen „short story" – in mancherlei Punkten vergleichbar mit der Novelle: reduziertes Personal, straffe und lineare Erzählweise auf einen Höhepunkt und zentrales Ereignis hin. Im Unterschied zur Novelle besitzt die Kurzgeschichte meist einen unmittelbaren Anfang (Einblendung) und einen offenen Schluss, sie behandelt Stoffe aus der Alltagswirklichkeit und verwendet schmucklose Alltagssprache. Wesentlicher Unterschied ist der Verzicht auf die strenge formale Struktur, wie sie bei der Novelle vorliegt.

► *Lösung zu Übung 39*
Eine „uneigentliche Darstellung" verweist darauf, dass sich hinter einer Beschreibung eine übertragene Bedeutung verbirgt. Die Fabel bezieht sich auf feststehende Charaktereigenschaften, daher benötigt sie keine genaue Schilderung. Die Fabel unterscheidet sich von der Parabel dadurch, dass sich ihr Bildteil in mehreren Punkten auf einen Sachteil übertragen lässt; bei der Parabel besteht die Verbindung zwischen beiden Teilen nur in einem Vergleichspunkt („tertium comparationis"). Die Fabel will belehren.

► *Lösung zu Übung 40*
kein Lösungsvorschlag

► *Lösung zu Übung 41*
kein Lösungsvorschlag

► *Lösung zu Übung 42*
kein Lösungsvorschlag

► *Lösung zu Übung 43*

Der Wolf wirft dem Lamm vor, es trübe das Wasser des Flusses, aus dem sie trinken. Das Lamm entgegnet darauf, dass dies doch gar nicht möglich sei, da der Wolf oberhalb trinke. In der gleichen Weise formuliert der Wolf drei weitere Vorwürfe: Das Lamm bzw. sein Vater habe ihn beleidigt, außerdem würde es ihm Äcker und Wiesen unbrauchbar machen. Die Unsinnigkeit dieser drei Beschuldigungen macht ihm das Lamm jeweils deutlich. Am Ende der Geschichte wird das Lamm vom Wolf gefressen. Der Erzähler formuliert als Lehre, dass der Mächtige bestimme, was Recht ist.

► *Lösung zu Übung 44*

a2, b1, c4, d3

► *Lösung zu Übung 45*

Der Satz unter a ist am geeignetsten.

► *Lösung zu Übung 46*

Wolf und Lämmlein	
Ein Wolf und Lämmlein trafen sich zufällig an einem Bach, um zu trinken. Der Wolf trank oben am Bach, das Lämmlein aber weit entfernt unten.	Begegnung Wolf/ Lämmlein
Als der Wolf das Lämmlein sah, lief er zu ihm und sprach: „Warum trübst du mir das Wasser, dass ich nicht trinken kann?" Das Lämmlein antwortete: „Wie kann ich dir das Wasser trüben? Du trinkst doch oberhalb und könntest es mir eher trüben."	1. Vorwurf: Lämmlein trübe Wasser – Lämmlein widerlegt.
Da sprach der Wolf: „Wie, beleidigst du mich auch noch?" Das Lämmlein antwortete: „Ich beleidige dich nicht."	2. Vorwurf: Beleidigung – Lämmlein widerspricht.
Daraufhin sagte der Wolf: „Dein Vater hat das vor sechs Monaten ebenfalls getan, und du willst dich als Vater zeigen." Das Lämmlein antwortete: „Damals war ich noch nicht geboren. Warum soll ich für meinen Vater büßen?"	3. Vorwurf: Vater habe beleidigt – Lämmlein widerlegt.
Da sprach der Wolf: „Du hast mir aber meine Wiesen und Äcker abgenagt und verdorben." Das Lämmlein antwortete ihm: „Wie kann das möglich sein, da ich doch noch keine Zähne habe?"	4. Vorwurf: Zerstörung der Wiesen – Lämmlein widerlegt.
– „Nun gut", sagte der Wolf, „auch wenn du gut begründen und reden kannst, werde ich doch heute nicht ohne Fressen bleiben." Und er würgte das unschuldige Lämmlein und fraß es auf.	Ergebnis: Lämmlein wird gefressen.

Lehre: So ist der Lauf der Welt. Wer fromm sein will, muss leiden, wenn einer Streit sucht. Denn Gewalt steht über dem Recht. Wenn man dem Hund übel will, hat er das Leder gefressen. Wenn der Wolf es so will, ist das Lamm im Unrecht.	Lehre: Der Mächtige bestimmt, wer Recht hat.

► ***Lösung zu Übung 47***

Der Wolf und das Schaf

Der Durst trieb ein Schaf an den Fluss; eine gleiche Ursache führte auf der anderen Seite einen Wolf herzu. Durch die Trennung des Wassers gesichert und durch die Sicherheit höhnisch gemacht, rief das Schaf dem Räuber hinüber: „Ich mache dir doch das Wasser nicht trübe, Herr Wolf? Sieh mich recht an; habe ich dir nicht vor sechs Wochen nachgeschimpft? Wenigstens wird es mein Vater gewesen sein."	Begegnung Schaf/Wolf Schaf wiegt sich in Sicherheit: 1. spöttische Bemerkung: Trübung des Wassers 2. spöttische Bemerkung: Beleidigung 3. spöttische Bemerkung: Beleidigung durch Vater
Der Wolf verstand die Spötterei; er betrachtete die Breite des Flusses und knirschte mit den Zähnen. „Es ist dein Glück", antwortete er, „dass wir Wölfe gewohnt sind, mit euch Schafen Geduld zu haben", und ging mit stolzen Schritten weiter.	Reaktion des Wolfes: Stolz, Hinweis auf Geduld der Wölfe

► ***Lösung zu Übung 48***

Die Fabel *Der Wolf und das Schaf* von Gotthold Ephraim Lessing bedient sich des klassischen Szenarios vom Treffen der beiden Tiere an einem Fluss. In Lessings Fabel ist das Schaf durch den breiten Fluss vor dem Wolf geschützt, es wiegt sich in Sicherheit. Diese Sicherheit veranlasst es zu drei spöttischen Bemerkungen, die sich auf die Trübung des Wassers und die schon aus der Luther-Fabel bekannten Beleidigungen beziehen. Der Wolf reagiert auf den Spott, den er im Moment nicht sanktionieren kann, mit Stolz und dem Hinweis auf seine Geduld.

► ***Lösung zu Übung 49***

Hauptteil und Schluss bzw. Lehre lassen sich klar voneinander unterscheiden, da der Schluss mit dem Wort „Lehre" eingeleitet wird. Es gibt eine deutlich erkennbare Steigerung innerhalb der Argumentation. Eine Vorgeschichte zur Handlung wird nicht erzählt, allerdings beziehen sich beide Figuren auf vergangene Ereignisse. Das Ende ist „geschlossen", das Lamm wird gefressen. Es wird eine klare Lehre („Epimythion") formuliert.

▶ ***Lösung zu Übung 50***
In der Fabel *Wolf und Lämmlein* von Martin Luther geht es um die Macht des Arguments und die Macht der physischen Überlegenheit. Die Fabel setzt direkt – ohne Promythion – mit der Begegnung der beiden Tiere an einem Fluss ein. In dem anschließenden Dialog, der den gesamten Hauptteil bestimmt, wirft der Wolf dem Lamm vor, es trübe das Wasser des Flusses, aus dem sie trinken. Das Lamm entgegnet darauf, dass dies doch gar nicht möglich sei, da der Wolf oberhalb trinke. In der gleichen Weise formuliert der Wolf drei weitere Vorwürfe: Das Lamm und in vergangener Zeit auch sein Vater hätten ihn beleidigt, außerdem würde es ihm Äcker und Wiesen unbrauchbar machen. Die Unsinnigkeit dieser drei Beschuldigungen macht ihm das Lamm jeweils deutlich. In Anerkennung der plausiblen Rechtfertigungsversuche des schwächeren Tieres verschlingt der Wolf das Lamm schließlich. Damit endet der Hauptteil. Aus der Beispielgeschichte wird dann die Lehre („Epimythion") formuliert, dass stets der Mächtige bestimme, was Recht ist.

▶ ***Lösung zu Übung 51***
b)

▶ ***Lösung zu Übung 52***
Lessing verzichtet auf eine ausdrückliche Lehre. Zwei Deutungsmöglichkeiten sind möglich: Zum einen kann man den Sieg des Schwachen feststellen, der seine unangreifbare Lage zur „Rache" für erlittene Verfolgung ausnutzt, zum anderen macht die Antwort des Wolfs wahrscheinlich, dass der Sieg des Stärkeren nur eine Frage der Zeit ist.

▶ ***Lösung zu Übung 53***
Keine genauen Zeitangaben, dies lässt auf Allgemeingültigkeit der Aussage schließen. Es wird überwiegend zeitdeckend erzählt, Indiz dafür ist der dialogische Charakter der Fabeln. In der Wiedergabe der Dialoge nimmt der Erzähler einen neutralen Standpunkt ein. Erst in Kommentaren wie z. B. „unschuldig" (Luthers Fabel) oder „stolz" (Lessings Fabel) und natürlich in der Lehre der Luther-Fabel wird die kommentierende Haltung des auktorialen Erzählers evident.

▶ ***Lösung zu Übung 54***
Die Fabel gehört zu den Textsorten mit lehrhaftem Charakter, der Erzähler kann sich daher bereits in den Erzählverlauf wertend einschalten.

► ***Lösung zu Übung 55***

Lamm

- mit Mut und Glauben an die Überzeugungskraft rationaler Argumente,
- nicht pragmatisch, denn es verkennt die lebensgefährliche Lage, in der es seit der Anwesenheit des Wolfes ist,
- Wahrheits- und Gerechtigkeitssinn bewirken zusammen mit dem Glauben, dass die allgemeine Logik auch für den Mächtigen gilt, seinen Untergang.

Wolf

- als hungriges, machtbewusstes Tier; sucht zunächst Angriff auf Schaf durch Argumente zu legitimieren,
- unterliegt im Disput, schafft sich sein Recht selbst im Vertrauen auf seine Kraft.

► ***Lösung zu Übung 56***

Schaf

- mit Mut infolge der Sicherheit, in der es sich befindet (kein echter Mut!),
- Sicherheit ermöglicht Spott als „Rache" für Verfolgung durch Wolf.

Wolf

- schlagfertig, nutzt Gelegenheit, um Geduld als positive Eigenschaft herauszustellen,
- erkennt momentane Machtlosigkeit, „gewinnt" durch seine Antwort aber dennoch, indem er Schaf in Aussicht stellt, bei nächster Gelegenheit gefressen zu werden (ausgeprägtes Machtbewusstsein).

► ***Lösung zu Übung 57***

Das Lamm beweist in der Luther-Fabel seine Dummheit dadurch, dass es der Kraft der Argumente vertraut; in der Lessing-Fabel erkennt es nicht, dass sein vermeintlicher Sieg nur kurzfristig sein kann. Der Wolf der Luther-Fabel zeigt seine Verschlagenheit dadurch, dass er vor seinem Opfer zunächst den Eindruck erweckt, dass er der Kraft des Arguments Vorrang vor seiner Willkür einräumt. In der Lessing-Fabel versteckt sich hinter der vermeintlichen „Geduld" die Gewissheit, dass sich in der Zukunft schon eine günstige Gelegenheit einstellen werde, um das Lamm zu fressen.

► ***Lösung zu Übung 58***

Der „Wolf" steht im Sachteil allgemein für Mächtige, die selbst definieren, was Recht und Gerechtigkeit ist. Das Lamm steht im Sachteil allgemein für Unterdrückte, die unter Mächtigen zu leiden haben, selbst wenn sie argumentativ im Recht sind. Die Kraft des Arguments wird missbraucht, weil der Mächtige mit Scheinargumenten sein Gewissen beruhigen will. Die Lehre der Fabel kann daher so formuliert werden, dass der Schwache sich nicht darauf verlassen darf, dass sich der Stärkere an Konventionen und Übereinkünfte (z. B. die Gültigkeit des Arguments) hält.

▶ *Lösung zu Übung 59*
Wenn Unterdrückte sich in Sicherheit wiegen, dann kämpfen sie gegen die Mächtigen mit Spott als dem Mittel der Schwachen, aber die Mächtigen warten auch im Moment vermeintlicher Unterlegenheit im Bewusstsein ihrer Macht geduldig auf ihre Chance.

▶ *Lösung zu Übung 60*
politischer Hintergrund beider Fabeln: Ständegesellschaft, Monarchie als Staatsform; Rechte des Untertanen nicht durch Verbände, Parteien oder Gewerkschaften vertreten, keine Demokratie, Mächtige mit unantastbarer Stellung

▶ *Lösung zu Übung 61*
Luther: Betonung des Ausgeliefertseins des Untertanen und der Ungerechtigkeit der Mächtigen; Lehre macht nachdenklich, überraschte Menschen im 16. Jahrhundert aber sicher nicht; hohe Aktualität der Lehre im 16. Jahrhundert; in heutiger Zeit vielleicht im privaten Bereich noch aktuell; im öffentlichen Bereich Kontrollinstanzen (Gewaltenteilung, Medien), die Ungerechtigkeit verhindern und Recht durchsetzen sollen.
Lessing: gesellschaftliche Situation wie in Luthers Zeit, aber: Aufklärung als gesellschaftsverändernde Geisteshaltung. Betonung eines bestimmten Verhaltens, nicht Definition, was Recht ist, sondern Spott als Waffe der Schwächeren; Spott kann auch literarisch, z. B. in Form einer Fabel, artikuliert werden; zwei Deutungsmöglichkeiten:
1. Möglichkeit: Aufgeklärter Untertan setzt sich gegen Mächtige zur Wehr, Mächtige müssen mit Einschränkung ihrer Macht rechnen,
2. Möglichkeit: Wirkungslosigkeit angedeutet: Spott ändert gesellschaftliches System nicht, Mächtige bleiben in ihren Positionen

▶ *Lösung zu Übung 62*

A. Einleitung
Bei den vorliegenden Erzählungen *Wolf und Lämmlein* des Reformators Martin Luther und *Der Wolf und das Schaf* des Aufklärers Gotthold Ephraim Lessing handelt es sich um Fabeln. Das gemeinsame Thema beider Fabeln ist die Begegnung zwischen einem Wolf und einem Schaf.

B. Hauptteil
I. Interpretation von *Wolf und Lämmlein*
1. Inhalt/Aussage
Martin Luthers Fabel wird von dem Disput zwischen Lamm und Wolf bestimmt. Der Wolf wirft dem Lamm vor, es trübe das Wasser des Flusses, aus dem sie trinken. Das Lamm entgegnet darauf, dass dies doch gar nicht möglich sei,

da der Wolf oberhalb trinke. In der gleichen Weise formuliert der Wolf drei weitere Vorwürfe: Das Lamm bzw. sein Vater habe ihn beleidigt, außerdem würde es ihm Äcker und Wiesen unbrauchbar machen. Die Unsinnigkeit dieser drei Beschuldigungen macht ihm das Lamm jeweils deutlich. Am Ende der Geschichte wird das Lamm vom Wolf gefressen. Der Erzähler formuliert als Lehre, dass der Mächtige bestimme, was Recht ist.

2. Charakterisierung

Wenn wir die Hauptfiguren in ihrem Verhältnis zueinander charakterisieren, so stellt sich das Schaf als eine Figur dar, die mit Mut und dem Glauben an die Überzeugungskraft rationaler Argumente die Anschuldigungen des Wolfes widerlegt. Besonders deutlich wird dies in der Entgegnung auf den Vorwurf, es habe die Wiesen abgenagt. Das Lamm pariert die Anschuldigung mit dem Hinweis auf seine fehlenden Zähne: „Wie kann das möglich sein, da ich doch noch keine Zähne habe?"(Z. 11).

Der Glaube an die Kraft der Argumente kennzeichnet aber auch die Unerfahrenheit des jungen Schafes: Es verkennt die lebensgefährliche Lage, in der es seit der Anwesenheit des Wolfes ist. Seine Unerfahrenheit bewirkt zusammen mit dem Wahrheits- und Gerechtigkeitssinn und dem Glauben, dass die allgemeine Logik auch für den Mächtigen gilt, seinen Untergang.

Der Wolf stellt sich als hungriges machtbewusstes Tier dar. Er hat wohl von Beginn an die Intention, das Lamm zu töten, und er sucht zunächst, diesen Mord durch Argumente zu legitimieren. Im Disput unterliegt er, seine Argumente sind nicht durchdacht. Das, was ihm intellektuell fehlt, macht er durch seine physische Überlegenheit wett: Sein Recht des Stärkeren verschafft er sich selbst im Vertrauen auf seine Kraft.

3. Schlüsselbegriffe/Realitätsbezug

Die Schlüsselbegriffe dieser Fabel, die die Verbindung zwischen Bild- und Sachteil herstellen, liegen auf der Hand: „Wolf" und „Lamm" tragen menschliche Eigenschaften. Der Wolf steht im Sachteil allgemein für Mächtige, die selbst definieren, was Recht und Gerechtigkeit ist. Das Lamm bzw. „Schaf" steht allgemein für Unterdrückte, die unter Mächtigen zu leiden haben. Dies wird besonders in Luthers Fabel deutlich. Luther lässt seinen auktorialen Erzähler auch mit dem resignierenden Satz „So ist der Lauf der Welt" (Z. 15) kommentierend zu Wort kommen. Der Erzähler ist offensichtlich parteiisch und kritisiert den Mächtigen, der das „unschuldige" (Z. 13) Opfer einfach umbringt.

Der politische Hintergrund der Fabeln ist die Ständegesellschaft des 16. Jahrhunderts, in der die Rechte des Untertanen nicht durch Verbände, Parteien oder Gewerkschaften vertreten wurden und in der der politisch Schwache dem Mutwillen des Mächtigen unterworfen war. Luthers Fabel betont das Ausgeliefertsein des Untertanen und die Ungerechtigkeit der Mächtigen; ihre

Lehre macht nachdenklich, sie dürfte aber für die Menschen im 16. Jahrhundert keine neue Erkenntnis dargestellt haben.

II. Interpretation von *Der Wolf und das Schaf*
1. Inhalt/Aussage
Die Situation in der rund 200 Jahre später entstandenen Fabel von Lessing ist eine ganz andere: Das Schaf ist durch einen breiten Fluss vor dem Wolf geschützt. Diese Sicherheit veranlasst es zu drei spöttischen Bemerkungen, die sich auf die Trübung des Wassers und die schon aus der Luther-Fabel bekannten Beleidigungen beziehen. Der Wolf reagiert auf den Spott, den er im Moment nicht sanktionieren kann, mit Stolz und dem Hinweis auf seine Geduld.
Die Aussage der Fabel lässt zwei Deutungsmöglichkeiten zu: Zum einen kann man den Sieg des Schafes feststellen, das seine unangreifbare Lage zur „Rache" für erlittene Verfolgung ausnutzt, zum anderen macht die Antwort des Wolfs wahrscheinlich, dass der Sieg des Stärkeren nur eine Frage der Zeit ist. Irgendwann wird kein breiter Fluss dem Schaf das Leben retten.

2. Charakterisierung
Das Schaf in der Fabel Lessings hat den Mut des Schwachen, der sich nach Zeiten der Verfolgung in einer Situation vorübergehender Sicherheit wähnt. Ein Ausdruck echten Mutes ist der Spott wohl nicht, er zeigt vielmehr die Unterlegenheit des Schafes, das sich nur in dieser geschützten Lage für die Verfolgung durch den Wolf „rächen" kann.
Der Wolf hingegen lässt sich nicht nur als stark, sondern auch als schlagfertig charakterisieren, wenn er sich über den Spott nicht ärgert, sondern auf die Geduld der Wölfe hinweist. Er erkennt seine momentane Machtlosigkeit und „gewinnt" durch seine Antwort dennoch, indem er dem Schaf in Aussicht stellt, bei nächster Gelegenheit gefressen zu werden. Der Wolf besitzt somit neben seiner Schlagfertigkeit auch ein ausgeprägtes Machtbewusstsein.

3. Schlüsselbegriffe/Realitätsbezug
Die Schlüsselworte der Fabel sind natürlich „Wolf" und Schaf". Die menschlichen Eigenschaften, für die sie stehen, klangen in der obigen Analyse schon an: Der Wolf steht für den Mächtigen, der auch im Moment vermeintlicher Unterlegenheit geduldig auf seine Chance wartet. Das Schaf dagegen steht im Sachteil wiederum allgemein für Unterdrückte, die unter Mächtigen zu leiden haben. Wenn Unterdrückte sich in Sicherheit wiegen, dann kämpfen sie gegen die Mächtigen mit Spott als dem Mittel der Schwachen.
Der politische Hintergrund, vor dem die Fabel zu lesen ist, ist durch die Ständegesellschaft und die Monarchie gekennzeichnet. Im 18. Jahrhundert trat als entscheidende bewusstseinsverändernde Kraft die Aufklärung hinzu, die Gleichheit, Humanität und Toleranz auf der Basis des menschlichen Verstan-

des proklamierte. Diese Neuerung erkennt man auch in Lessings Fabel: Der Untertan ist dem Herrscher nicht mehr machtlos ausgeliefert, sondern er hat die Möglichkeit, sich durch Spott zur Wehr zu setzen. Wenn man diese Entwicklung bis zum Ende weiterdenkt, so könnte man als Lehre herauslesen, dass die Mächtigen mit einer Einschränkung ihrer Macht rechnen müssen. Dies ist in der Französischen Revolution von 1789 dann auch geschehen. Allerdings lässt die Interpretation der Reaktion des Wolfes auch den Schluss zu, dass die Mächtigen das aufbegehrende Volk zunächst einmal „an der langen Leine" laufen lassen, um bei geeigneter Gelegenheit die alte Machtposition wieder zu stabilisieren.

III. Zusammenfassender Vergleich

1. Gemeinsamkeiten

Beim abschließenden Vergleich beider Fabeln stellen wir fest, dass die wesentlichen Gemeinsamkeiten die Figuren, den Handlungsort und teilweise auch die Lehre betreffen.

2. Unterschiede

Die Unterschiede sind gravierender: Lessings Bild des Untertanen ist nicht mehr von dem naiv an Gerechtigkeit glaubenden Menschen bestimmt. Sein Schaf steht für einen aufgeklärten und die Gunst der Stunde nutzenden Menschen. Lessing hat seine Fabel gewissermaßen als Antwort auf die alte Luther-Fabel verfasst, um die Veränderung, die durch die Aufklärung entstanden ist, deutlich zu machen. Der Mensch ist jetzt wehrhaft geworden, auch wenn er sich zunächst nur des Spottes bedienen kann, um Widerstand zu leisten. War Luthers Fabel eher ein Appell an die Mächtigen, so lässt sich Lessings Fabel als Versuch lesen, den Untertanen zu ermutigen. Spott allein jedoch kann die Position der Mächtigen nicht ernsthaft erschüttern; der Hinweis auf die „Geduld" der Mächtigen in Lessings Fabel legt dies nahe. Ob Lessing schon die Zeit vorausgeahnt hatte, in der die Untertanen sich nicht mehr nur mit Spott begnügten, sondern tatkräftig eine Veränderung des politischen Systems in Angriff nahmen, wie es in der Französischen Revolution geschehen ist, lässt sich natürlich nicht beantworten. Die Lehre seiner Fabel könnte einen solchen Aufruf enthalten.

► ***Lösung zu Übung 63***

Interpretieren Sie die Fabel *Wolf und Lämmlein* von Martin Luther und die Fabel *Der Wolf und das Schaf* von Gotthold Ephraim Lessing. Arbeiten Sie dabei insbesondere die zeitgenössischen Bezüge in einer vergleichenden Deutung heraus.

► ***Lösung zu Übung 64***

1) aktuelle Bedeutung des Themas
2) Appell und aktuelle Bedeutung

3) Hinweis auf andere literarische Bearbeitungen des Themas/Gestaltung des Stoffes in der Gegenwartsliteratur

▶ ***Lösung zu Übung 65***

A. Einleitung

In der Fabel *Die Kaninchen, die an allem schuld waren* von James Thurber wird die Geschichte von der Verfolgung einer Kaninchenfamilie durch ein Rudel Wölfe erzählt. Die Kaninchen werden trotz der Hilfszusagen der anderen Tiere am Ende vernichtet.

B. Hauptteil

I. Inhalt

Die Verfolgung und Vernichtung geschieht in mehreren Phasen: Zu Anfang missbilligen die Wölfe die Lebensweise der Kaninchen. Nach einem Erdbeben weisen sie den Kaninchen die Schuld an der Naturkatastrophe zu. Auch für den Blitzschlag, der mehrere Wölfe tötet, seien sie verantwortlich. Die Kaninchen reagieren auf die Drohung der Wölfe mit dem Beschluss, auszuwandern. Dieser Beschluss wird aber nicht in die Tat umgesetzt, da die anderen Tiere ihnen versprechen, sie aller Wahrscheinlichkeit nach vor den Wölfen zu schützen. Nach einer Überschwemmung werden die Kaninchen schließlich von den Wölfen getötet. Vor den anderen Tieren rechtfertigen sich die Wölfe für diese Tat damit, dass die Kaninchen zu fliehen versucht hätten. Am Ende der Fabel erteilt der Erzähler den Rat, man solle sich schnell auf eine einsame Insel retten.

II. Charakterisierung

Wenn man die beteiligten Tiere einmal in ihrem Verhältnis zueinander charakterisiert, so fällt auf, dass sie typenhaft beschrieben werden: Die Wölfe werden als brutal dargestellt, sie haben eine faschistoide Weltanschauung, wenn sie ihre eigene Lebensweise für die beste halten. Da ihnen die Lebensweise der Kaninchen nicht gefällt, streben sie danach, sie zu vernichten. Diese Vernichtung kann nur mit scheinlogischen Argumenten kaschiert werden, indem die typischen Eigenarten der von ihnen abgelehnten Lebensweise zu den Auslösern von Umweltkatastrophen gemacht werden. Außerdem werden die Wölfe als machtbewusst und schlau beschrieben, wenn sie die Argumente der anderen Tiere als Legitimation für die Vernichtung verwenden.

Die Kaninchen dagegen lassen sich als unschuldige Opfer beschreiben. Sie sind defensiv eingestellt und versuchen, den Aggressionen aus dem Weg zu gehen. Ihr Vertrauen in die Hilfszusage der anderen Tiere wird allerdings enttäuscht.

Auf die anderen Tiere fällt ein ähnlich negatives Licht wie auf die Wölfe: Sie beschränken sich nur auf verbale Hilfszusagen und Drohungen, scheuen in Wirklichkeit aber die Konfrontation mit den Wölfen. Dieser Umstand wird an einschränkenden Formulierungen wie z. B. „höchstwahrscheinlich jedenfalls" (Z. 16) und „unter Umständen" (Z. 27) deutlich.

III. Erzählung als Fabel
„Wölfe", „Kaninchen" und „andere Tiere" sind auch die Schlüsselwörter, die den Bildteil der Fabel bestimmen. Sie stehen als Träger menschlicher Eigenschaften für jeweils unterschiedliche menschliche Verhaltensweisen. So lassen sich die Wölfe ganz allgemein als machtorientierte Aggressoren sehen, die ideologisch und gewaltsam Anderslebende, in der Fabel werden sie von den Kaninchen verkörpert, unterdrücken. Diese Unterdrückung führt über gesellschaftliche Stigmatisierung und Ausgrenzung sogar zur Vernichtung der unerwünschten Gruppe. Die anderen Tiere können im Sachteil für solche Menschen stehen, die nur verbalen Beistand leisten, zu tatkräftigem und couragiertem Eingreifen aber aus Angst vor persönlichen Konsequenzen nicht bereit sind.
Die Fabel verzichtet darauf anzugeben, wann sich die erzählte Geschichte zugetragen hat. Wie ein Märchen beginnt sie nur mit dem unbestimmten Satz: „Es war einmal (...)" (Z. 1). Dieser Verzicht auf eine genaue Zeitangabe lässt sich so deuten, dass das dargestellte Ereignis zu jeder Zeit hätte passieren können und weiterhin passieren könnte. Dass der Erzähler seine Lehre auch in der Gegenwart für gültig hält, kommt in der direkten Aufforderung zum Ausdruck, man solle möglichst schnell auf eine einsame Insel fliehen. Mit zahlreichen ironischen Wendungen (vgl. z. B. Z. 3 f.) kommentiert der auktoriale Erzähler seine Geschichte und vor allem die in ihr beschriebenen Verhaltensweisen. Auch der Titel, der auf den ersten Blick den Kaninchen alle Schuld, also auch die an ihrer Vernichtung, anlastet, ist ironisch gemeint. Die ironischen Kommentare verstärken die Kritik des Erzählers nicht nur an Unterdrückung und Vernichtung, sondern auch an dem passiven Verhalten der anderen Menschen.

IV. Deutung
Wollte man die Fabel historisch deuten, so würde man wohl unweigerlich an die Verhältnisse in der nationalsozialistischen Diktatur denken. Die Nationalsozialisten unterdrückten und töteten Minderheiten und rechtfertigten die Unterdrückung vor der Bevölkerung und dem Ausland mit eben der gleichen Scheinlogik wie in der Fabel, nämlich mit ihrer Rassenlehre. Von zahlreichen europäischen Ländern ist bekannt, dass sie z. B. Juden auf der Flucht die Einreise verweigerten, obgleich sie wussten, dass ihnen im „Dritten Reich" der Tod drohte. Mit den anderen Tieren in der Fabel könnten aber auch Deutsche gemeint sein, die aus Angst vor den persönlichen Folgen den Verfolgten nicht geholfen haben.

C. Schluss
Der Wert literarischer Texte besteht auch in ihrer Zeitlosigkeit. Aus diesem Grund wird der oben formulierte historische Interpretationsansatz nicht die einzige Interpretationsmöglichkeit dieser Fabel sein. Ihre resignativ stimmende Lehre sollte für uns heute der Appell sein, immer dort einzugreifen, wo wir auch in unserer Zeit solcher Unterdrückung gewahr werden.

► ***Lösung zu Übung 66***
b, c und d

► ***Lösung zu Übung 67***
Je nachdem, welches Ende Sie ausgewählt haben [das Originalende ist übrigens a)], ergeben sich Konsequenzen in Bezug auf die Deutung des Gesamttextes:

a) Bildteil: nicht lesbare Botschaft, Analogie: Botschaft als Sinnbestimmung des individuellen Lebens, tertium comparationis: Menschen vergessen, Lebenssinn zu entschlüsseln
b) Bildteil: nicht lesbare Botschaft, Eingeweihter kann sie entziffern, Analogie: Botschaft als Sinnbestimmung des menschlichen Lebens, tertium comparationis: ewige Suche nach Sinn, auch wenn Hilfe vorhanden
c) Bildteil: nicht lesbare Botschaft, Appell an Rationalität und Rückkehr zum Lebensgenuss, Analogie: Botschaft als Sinnbestimmung menschlichen Lebens; tertium comparationis: keine tiefer gehenden Gedanken über Lebenssinn, Rationalität und Lebensgenuss siegen über Grübelei
d) Bildteil: nicht lesbare Botschaft wird für jeden entzifferbar, Analogie: Botschaft als Sinnbestimmung menschlichen Lebens; tertium comparationis: Menschen erkennen ihren Lebenssinn und richten ihr Leben nach ihm aus.

Die Analogiebildung muss nicht zwangsläufig in der beschriebenen Weise erfolgen; im Kontext der Geschichte sind auch andere Analogiebildungen denkbar.

► ***Lösung zu Übung 68***
kein Lösungsvorschlag

► ***Lösung zu Übung 69***
kein Lösungsvorschlag

► ***Lösung zu Übung 70***
kein Lösungsvorschlag

► ***Lösung zu Übung 71***
Das Gleichnis vom verlornen Sohn handelt von einem Mann, der zwei Söhne hat. Der jüngere Sohn bittet den Vater um eine vorgezogene Auszahlung

seines Erbes. Nach dessen Erhalt zieht er in die Welt hinaus und verprasst sein ganzes Vermögen in kurzer Zeit. Als dann noch eine Hungersnot ins Land kommt, verhungert er fast. Da besinnt er sich und erinnert sich daran, dass bei ihm zu Hause sogar die Knechte ein besseres Leben führen als er. Er beschließt, reumütig zu seinem Vater zurückzukehren und sich als Knecht anzubieten, da er sich nicht mehr für würdig hält, Sohn genannt zu werden. Doch der Vater nimmt ihn herzlich auf, vergibt ihm alles und lässt ein großes Fest feiern, weil sein verloren geglaubter Sohn zurückgekehrt ist. Die Geschichte endet mit einem Blick auf den älteren Sohn. Dieser hat die ganze Zeit über gehorsam im elterlichen Betrieb mitgearbeitet und kann die Freude des Vaters überhaupt nicht verstehen.

▶ *Lösung zu Übung 72*
a2, b1, c4, d3

▶ *Lösung zu Übung 73*
Der Satz unter a ist am geeignetsten.

▶ *Lösung zu Übung 74*

Ich bin zurückgekehrt, ich habe den Flur durchschritten und blicke mich um. Es ist meines Vaters alter Hof. Die Pfütze in der Mitte.	Rückkehr
Altes, unbrauchbares Gerät, ineinander verfahren, verstellt den Weg zur Bodentreppe. Die Katze lauert auf dem Geländer. Ein zerrissenes Tuch, einmal im Spiel um eine Stange gewunden, hebt sich im Wind. Ich bin angekommen.	Beobachtungen des Erzählers
Wer wird mich empfangen? Wer wartet hinter der Tür der Küche? Rauch kommt aus dem Schornstein, der Kaffee zum Abendessen wird gekocht. Ist dir heimlich, fühlst du dich zu Hause?	Fragen und Antworten des Erzählers
Ich weiß es nicht, ich bin sehr unsicher. Meines Vaters Haus ist es, aber kalt steht Stück neben Stück, als wäre jedes mit seinen eigenen Angelegenheiten beschäftigt, die ich teils vergessen habe, teils niemals kannte. Was kann ich ihnen nützen, was bin ich ihnen und sei ich auch des Vaters, des alten Landwirts Sohn.	Unsicherheit
Und ich wage nicht, an der Küchentür zu klopfen, nur von der Ferne horche ich, nur von der Ferne horche ich stehend, nicht so, dass ich als Horcher überrascht werden könnte.	Erzähler vor der Küchentür
Und weil ich von der Ferne horche, erhorche ich nichts, nur einen leichten Uhrenschlag höre ich oder glaube ihn	Wahrnehmungen aus der Küche, in die er nicht eintritt

vielleicht nur zu hören, herüber aus den Kindertagen. Was sonst in der Küche geschieht, ist das Geheimnis der dort Sitzenden, das sie vor mir wahren. Je länger man vor der Tür zögert, desto fremder wird man. Wie wäre es, wenn jetzt jemand die Tür öffnete und mich etwas fragte. Wäre ich dann nicht selbst wie einer, der sein Geheimnis wahren will?

Gedanken des Erzählers

► ***Lösung zu Übung 75***

Franz Kafkas *Heimkehr* handelt von einem Mann, der in sein Elternhaus zurückkehrt, am Ende aber doch vor der Tür stehen bleibt und nicht eintritt. Der Erzähler beschreibt, wie er sich fühlt, als er den elterlichen Hof betritt. Viel Raum wird den Gedanken und Fragen gegeben, die ihn bei der Heimkehr bewegen. Die Parabel enthält keine Handlung, das Ende der Erzählung bleibt offen.

► ***Lösung zu Übung 76***

Rahmenhandlung, angedeutet durch die Redeeinleitung (vgl. Z. 1); Aufbau: Ausgangssituation (Ausbezahlung des Erbes und Abschied), Hauptteil (lehrhaftes Erlebnis in der Fremde), Schluss (Wiederaufnahme und – verstärkte – Lehre, kein „offenes Ende")

► ***Lösung zu Übung 77***

Das Gleichnis vom verlornen Sohn ist eingebettet in eine Rahmenhandlung, es wird als Illustration zu einer Lehre erzählt. Das Gleichnis beginnt mit einer Vorgeschichte, die von einem Mann handelt, der zwei Söhne hat. Der jüngere Sohn bittet den Vater um eine vorgezogene Auszahlung seines Erbes. Im Hauptteil der Geschichte zieht der junge Mann in die Welt hinaus und verprasst sein ganzes Vermögen in kurzer Zeit. Als dann noch eine Hungersnot ins Land kommt, verhungert er fast. Da besinnt er sich und erinnert sich daran, dass bei ihm zu Hause sogar die Knechte ein besseres Leben führen als er. Er beschließt, reumütig zu seinem Vater zurückzukehren und sich als Knecht anzubieten, da er sich nicht mehr für würdig hält, Sohn genannt zu werden. Der Schluss des Gleichnisses sieht den Vater, der seinen Sohn herzlich empfängt, ihm alles vergibt und ihm zu Ehren ein großes Fest feiern lässt, weil sein verloren geglaubter Sohn zurückgekehrt ist. Die Geschichte endet mit einem Blick auf den älteren Sohn. Dieser hat die ganze Zeit über gehorsam im elterlichen Betrieb mitgearbeitet und kann die Freude des Vaters überhaupt nicht verstehen. Die Lehre wird im Bildteil der Parabel somit in doppelter Weise ausgedrückt: Zum einen zeigt sie sich in der Freude des Vaters, zum anderen in der Verteidigung dieser Handlungsweise gegenüber dem älteren Sohn.

Lösung zu Übung 78

b)

Lösung zu Übung 79

Gleichnis vom verlornen Sohn: keine genauen Zeitangaben, zeitraffendes Erzählen, in Dialogen zeitdeckendes Erzählen, auktoriale Erzählperspektive
Heimkehr: keine genauen Zeitangaben, zeitdehnendes Erzählen, Ich-Erzähler

Lösung zu Übung 80

Gleichnis vom verlornen Sohn: Verzicht auf Zeitangaben als Hinweis auf Allgemeingültigkeit der Aussage; auktorialer Erzähler als Lehrender
Heimkehr: Verzicht auf Zeitangaben als Hinweis auf Allgemeingültigkeit der Aussage; Ich-Erzähler als Personifizierung des modernen Individuums, das allen tradierten Wertvorstellungen misstrauisch gegenübersteht

Lösung zu Übung 81

Typisch für die biblische Sprache sind das vorangestellte „und" (vgl. z.B. Z. 1–5), die auktoriale Erzählperspektive, das zeitraffende Erzählen im Präteritum, zahlreiche Dialoge, überwiegend hypotaktische Fügungen und die häufige Verwendung des adversativen „aber" (vgl. z.B. Z. 1 f., Z. 10). Das Gleichnis endet mit der Lehre: „Du solltest aber fröhlich sein und dich freuen" (Z. 31 f.), die einen Hinweis auf das „tertium comparationis" (Umkehr/Buße als Voraussetzungen der freudige Aufnahme bei Gott) gibt.

Lösung zu Übung 82

Präsens als vorherrschendes Tempus, kurze, zum Teil unvollständige Sätze (z.B. Z. 2 f.), innerer Monolog (vgl. Z. 5–7), überwiegend parataktische Syntax, Ausdruck subjektiver Empfindung (vgl. Z. 7), offenes Ende als Frage formuliert (Z. 18). Die Beschränkung der Perspektive auf einen Ich-Erzähler stellt diese Figur in den Mittelpunkt; eine Blickweise über die individuelle Realitätserfahrung hinaus wird nicht formuliert.

Lösung zu Übung 83

jüngerer Sohn
- selbstkritisch,
- genussorientiert, auf die Gegenwart konzentriert, denkt nicht an Zukunft.

Vater
- geduldig, aufmerksam und wohlwollend,
- hält sich an Recht und Gesetz, wenn er Erbe vorzeitig ausbezahlt,
- verzeihend, selbstlos.

älterer Sohn
- fleißig,
- neidisch.

▶ ***Lösung zu Übung 84***
Der ältere Sohn personifiziert den Vorbehalt, dass das Verhalten des Vaters ungerecht sein könnte, da der jüngere Sohn keinerlei „Leistung" erbracht hat, die den Empfang der väterlichen Zuwendung rechtfertigen würde. Sein Verhalten erweist sich als defizitär, da es egoistisch ist. Außerdem erkennt er nicht, dass die „Leistung" des jüngeren Sohnes gerade in der reuevollen Umkehr, die auch eine Buße auf sich nehmen will, besteht. In Analogiebildung zum dahinter stehenden Menschenbild müsste formuliert werden, dass sich der Christ darüber freuen soll, wenn ein Sünder zu Gott findet, dessen Liebe nach christlicher Vorstellung dem geschenkt wird, der bereit ist, sie anzunehmen.

▶ ***Lösung zu Übung 85***
Der jüngere Sohn, der sich sein Erbe ausbezahlen lässt, kann als ein Mensch gesehen werden, der auf seine eigene Stärke vertraut und ohne die Liebe Gottes zu leben versucht. Er macht die Erfahrung, dass alle weltlichen Bezugspunkte (das „Erbe") keinen Sinn zu stiften vermögen. Die Einsicht in die Fehlerhaftigkeit seines Weges, die Reue, macht den Menschen bereit dazu, von Gott aufgenommen zu werden, sie macht ihn bereit – wenn man es einmal theologisch ausdrücken will –, seine Liebe zu empfangen.

▶ ***Lösung zu Übung 86***
„Heimkehr" ist in der Parabel nur eine äußerliche Heimkehr. Der Heimkehrende bleibt fremd, indem er zögert. Das Zögern wird in dem lehrhaften Aphorismus verbalisiert: „Je länger man vor der Tür zögert, desto fremder wird man." (Z. 16 f.). Der Ich-Erzähler wird nicht freundlich und mit offenen Armen aufgenommen, er bleibt ausgegrenzt vor der Türe stehen. Das ausgedrückte pessimistische Menschenbild geht davon aus, dass der Mensch nicht damit rechnen kann, einmal an einem Ort anzukommen, an dem sich Vertrauen und Geborgenheit zu einem „Heim" symbolisch verdichten lassen.

▶ ***Lösung zu Übung 87***
kein Lösungsvorschlag

► *Lösung zu Übung 88*

Traditionelle Literatur	Moderne Literatur	Postmoderne Literatur
geografische Einordnung zu Beginn	Verschwinden des Erzählers	auktorialer Erzähler
Beschreibung der sozialen Umgebung und Herkunft zu Beginn	„blinde" Motive	klare Komposition
auktorialer Erzähler überwiegend	Hervorhebung nebensächlicher Details	Rückgriff in die Vergangenheit
Erzählung eines konkreten Ereignisses	Verzicht auf Einführung in Umgebung und Herkunft	spielerischer Umgang mit der Tradition, mit Motiven und Perspektiven
distanzierter Erzähler	Mitteilung von Erfahrung vor Mitteilung eines Ereignisses (Subjektivierung)	Spiel mit verschiedenen Sprachen und Sprachebenen
Erzähler glaubwürdig, überlegen, kompetent	Kritik an der Tradition	Eindringen des Irrationalen
Handlung, Raum oder Figur als strukturtragende Schichten	Verzicht auf starre Sinngebung – Diesseitsorientierung	Infragestellung eines eindimensionalen Wahrheitsbegriffs
Abschätzbarkeit von Handlungen bestimmter Figuren	Mehrdeutigkeit	Beteiligung des Lesers am Werk durch unterschiedliche Lesarten
Erkennbarkeit psychologischer Mechanismen	Vordringen metaphorischer Prinzipien	Berücksichtigung der Realität
Vorstellung einer festgefügten Weltordnung	keine äußere Erscheinung	Betonung der Unterhaltung
Vorstellung der Relevanz ewiggültiger Werte	keine gängigen Gefühle, Gesten, Handlungen	Parodie und Ironie als zentrale Mittel
		literarische Collage

Bildungsroman	Großstadt als Handlungsraum – Massengesellschaft	intertextuelle Bezüge
aktiver Held	„Antiheld" – passiver Held	
Idee von Humanität und Toleranz	Montagetechnik	
Vorstellung der individuellen Autonomie	Vereinzelung des Individuums	
Glaube an die Vernunft	Auflösung der literarischen Form	
	Auflösung der Sprache	
	Groteske	

▶ ***Lösung zu Übung 89***

Das biblische Gleichnis lässt sich eher dem traditionellen Erzählen zuordnen, da es ein klar abgegrenztes Ereignis zusammen mit der Vorstellung einer festgefügten Weltordnung mit klar definierten Verhaltenweisen beschreibt.

Kafkas Parabel *Heimkehr* lässt sich dem modernen Erzählen zuordnen, da es die Isolierung des Individuums, seine Entfremdung und Heimatlosigkeit, thematisiert.

Endes Parabel ist zusammen mit dem Originalschluss (vgl. Seite 57 Übung 67 a) ein Beispiel für postmodernes Erzählen, das mit Irrationalem arbeitet und einen eindimensionalen Wahrheitsbegriff in Frage stellt (die Botschaft des Schlittschuhläufers lässt sich jeweils individuell deuten, vom ironisch auffassbaren Schluss der Geschichte her gesehen hat die ganze erzählerische Unternehmung aber keine „Bedeutung").

► *Lösung zu Übung 90*

A. Einleitung

Die Lehren Jesu finden sich in den Evangelien des Neuen Testaments oft in der Form von Gleichnissen; auch Franz Kafkas bevorzugte literarische Gattung ist die der parabelhaften Erzählung. Die beiden vorliegende Parabeln gestalten ein gemeinsames Motiv: die Rückkehr eines Mannes ins Elternhaus.

B. Hauptteil

I. Inhalt

Das Gleichnis vom verlornen Sohn handelt von einem Mann, der zwei Söhne hat. Der jüngere Sohn bittet den Vater um eine vorgezogene Auszahlung seines Erbes. Nach dessen Erhalt zieht er in die Welt hinaus und verprasst sein ganzes Vermögen in kurzer Zeit. Als dann noch eine Hungersnot ins Land kommt, verhungert er fast. Da besinnt er sich und erinnert sich daran, dass bei ihm zu Hause sogar die Knechte ein besseres Leben führen als er. Er beschließt, reumütig zu seinem Vater zurückzukehren und sich als Knecht anzubieten, da er sich nicht mehr für würdig hält, Sohn genannt zu werden. Doch der Vater nimmt ihn herzlich auf, vergibt ihm alles und lässt ein großes Fest feiern, weil sein verloren geglaubter Sohn zurückgekehrt ist. Die Geschichte endet mit einem Blick auf den älteren Sohn. Dieser hat die ganze Zeit über gehorsam im elterlichen Betrieb mitgearbeitet und kann die Freude des Vaters überhaupt nicht verstehen.

Franz Kafkas *Heimkehr* handelt von einem Mann, der in sein Elternhaus zurückkehrt, am Ende aber doch vor der Tür stehen bleibt und nicht eintritt. Der Erzähler beschreibt, wie er sich fühlt, als er den elterlichen Hof betritt. Viel Raum wird den Gedanken und Fragen gegeben, die ihn bei der Heimkehr bewegen. Die Parabel enthält keine Handlung, das Ende der Erzählung bleibt offen.

II. Aussage

Beide Texte behandeln das Motiv der Heimkehr: Während die biblische Version die Heimkehr feiert, steht in der modernen Version die Unentschlossenheit des Zurückkehrenden, die Wieder-Aufnahme wird nicht beschrieben. Eine relativ einfache und plausible Deutung könnte in der biblischen Figur des jüngeren Sohnes den reuevollen und mit Sünde beladenen Menschen erkennen, der sich der Gnade des christlichen Gottes (des „Vaters") übergibt; Voraussetzung für die Wieder-Aufnahme ist die Umkehr, die Bußbereitschaft. Kafkas Figur könnte das Bild des heimatlosen modernen Menschen sein, der – auf sich selbst zurückgeworfen – als Fremder nach Hause zurückkehrt und isoliert bleibt.

III. Erzählerische Gestaltung

Formal ist das biblische Gleichnis in der Form einer lehrhaften Erzählung verfasst: Typisch für die biblische Sprache sind das vorangestellte „und" (vgl. z. B. Z. 1–5), die auktoriale Erzählperspektive, das zeitraffende Erzählen im Präteritum, zahlreiche Dialoge, überwiegend hypotaktische Fügungen und die häufige Verwendung des adversativen „aber" (vgl. z. B. Z. 1 f., Z. 10). Das Gleichnis endet mit der Lehre: „Du solltest aber fröhlich sein und dich freuen" (Z. 31 f.), die einen Hinweis auf das „tertium comparationis" (Umkehr/Buße als Voraussetzungen der freudige Aufnahme bei Gott) gibt.

Kafkas Text beginnt mit der Nennung dessen, um den es geht: „Ich". Die Ich-Erzählperspektive lässt zwar Einblicke in Gedanken und Gefühle der erzählenden Figur zu, sie verweigert aber die Außenperspektive, sodass der Leser nur das weiß, was er von der Figur erfährt. Die Erzählweise kommt der Technik des Bewusstseinsstroms nahe: Präsens als vorherrschendes Tempus, kurze, zum Teil unvollständige Sätze (z. B. Z. 2 f.), innerer Monolog (vgl. Z. 5–7), überwiegend parataktische Syntax, Ausdruck subjektiver Empfindung (vgl. Z. 7), offenes Ende als Frage formuliert (Z. 18). Die Beschränkung der Perspektive auf einen Ich-Erzähler stellt diese Figur in den Mittelpunkt; eine Blickweise über die individuelle Realitätserfahrung hinaus wird nicht formuliert. Das Zögern wird in dem lehrhaften Aphorismus verbalisiert: „Je länger man vor der Tür zögert, desto fremder wird man." (Z 16 f.). Der Ich-Erzähler wird nicht freundlich und mit offenen Armen aufgenommen, er bleibt ausgegrenzt vor der Türe stehen.

► ***Lösung zu Übung 91***

Vergleichen Sie die literarische Bearbeitung des Motivs der Heimkehr in dem biblischen Text und in der Parabel von Franz Kafka. Analysieren Sie insbesondere die erzählerische Gestaltung.

► ***Lösung zu Übung 92***

1) aktuelle Bedeutung des Themas
2) Zusammenfassung der Aussage, Appell und aktuelle Bedeutung
3) Hinweis auf andere literarische Bearbeitungen des Themas/Gestaltung des Stoffes in der Gegenwartsliteratur

► ***Lösung zu Übung 93***

A. Einleitung

Die kurze Parabel *Der Aufbruch* von Franz Kafka, die im Jahre 1936 veröffentlicht wurde, handelt vom Abschiednehmen. Sie besteht zum größten Teil aus dem Dialog zwischen einem Diener und seinem sich gerade für eine Reise rüstenden Herrn.

B. Hauptteil

I. Inhalt und Aussage

Gespräch zwischen Diener und Herrn: Diener hört weder den Befehl, Pferd aus dem Stall zu holen, noch die Trompete. Antwort auf zweimalige Frage nach Reiseziel: „Weg-von-hier" (Z. 7). Herr reist ohne Proviant, da die Reise zu lang ist, als dass ein Essensvorrat reichen würde.
Vermutung: Kafkas Parabel dreht sich um Entwicklung in einem menschlichen Leben; jeder Mensch kann Veränderung nur individuell erleben, keine Hilfe möglich.

II. Charakterisierung/Verhältnis der Personen

Teilweise misslungene Kommunikation: Diener versteht Ich-Erzähler nicht und hört auch Trompete nicht, auf konkrete Fragen bekommt Diener unkonkret bzw. unlogisch erscheinende Antworten (vgl. Z. 4 ff.). Zweifelhaft ist, ob er mit der Antwort in Z. 8 ff. überhaupt etwas anfangen kann.
Ich-Erzähler hört Signal der Trompete und ist zum Aufbruch entschlossen; was ihn auf der Reise in Bezug auf seinen Essensvorrat erwartet, weiß er; er kalkuliert beim Scheitern sogar den Tod mit ein.

III. Schlüsselbegriffe

„Trompete" (Z. 3): Signal zum Aufbruch; könnte auf der Sachteilebene für den nur von jedem Einzelnen (nur der Ich-Erzähler hört das Signal) wahrnehmbaren Zwang oder Wunsch zur Veränderung, zur Weiterentwicklung stehen.
„Weg-von-hier" (Z. 7): Ziel der Reise ist das Unterwegssein selbst, Leben als permanente Reise.
„Essvorrat" (Z. 7, 9): weder andere Menschen (z. B. der Diener im Bildteil) noch irgendetwas aus seinem alten Leben („Essvorrat") können ihm auf seiner Reise behilflich sein; es geht also um einen radikalen Bruch mit dem alten Leben.
„zum Glück" (Z. 10): als Modaladverbiale im Sinne von „glücklicherweise", als Objekt würde das Ziel der Reise das „Glück" sein; beide Interpretationen möglich und sinnvoll; Bildteil somit nicht vollständig ausdeutbar, Offenheit als hervorragende Qualität der Parabel.

C. Schluss

Der Aufbruch als Parabel des menschlichen Lebens, „Unterwegssein" als Lebenssinn. „Sinn" kommt vom ahd. Wort für „Weg", hier auch Bewegung enthalten. Ständiges Fortgehen als ständige Veränderung, Stillstand wäre das Lebensende.

► ***Lösung zu Übung 94***

a) Regeln 3 und 5
Das Lamm entgegnet auf den Vorwurf des Wolfes, dass es noch nicht geboren gewesen sei (vgl. Z. 8 f.), außerdem fragt es, warum es für seinen Vater büßen solle (vgl. Z. 9).

b) Regeln 1 und 4
Das Lamm versucht sich zu wehren, denn „warum soll (es) für (s)einen Vater büßen?" (Z. 9).

c) Regeln 5 und 6
Das Lamm versucht, den Wolf von der Unsinnigkeit des Vorwurfes zu überzeugen, indem es ihm klar macht, dass es nicht verantwortlich sein kann, da es zu der Zeit, in der das Ereignis sich zugetragen habe, noch nicht geboren gewesen sei (vgl. Z. 8 f.).

d) Regeln 6, 9, 10
Das Lamm widerspricht dem Wolf (vgl. Z. 8 f.) und fragt ihn: „Warum soll ich für meinen Vater büßen?" (Z. 9)

e) Regeln 5 und 8
Der Wolf bekommt zu hören, dass das Lamm „noch nicht geboren (gewesen sei)" (Z. 8 f.) und dass es sich weigert, „für (s)einen Vater zu büßen." (Z. 9).

f) Regel 2, 7
Der Mann kündigt dem Jungen an, ihn nach Hause zu begleiten: „Ich gehe dann mit dir nach Hause (...). Ich muss deinem Vater doch sagen, wie so ein Kaninchenstall gebaut wird. Denn das müsst ihr ja wissen" (Z. 81)

g) Regel 8
Der Mann kündigt dem Jungen an, ihn nach Hause zu begleiten, denn er „muss (s)einem Vater doch sagen, wie so ein Kaninchenstall gebaut wird." (Z. 81 f.)

h) Regel 1
Der Mann will den Jungen wieder sicher in die Obhut seiner Eltern geben, die möglicherweise gar nicht wissen, welches Problem das Kind mit sich herumträgt. Daher schlägt er vor, den Jungen nach Hause zu begleiten: „Ich muss deinem Vater doch sagen, wie so ein Kaninchenstall gebaut wird." (Z. 81 f.)

► ***Lösung zur Abschlussübung: Was haben Sie gelernt?***

a) auktoriale Erzählperspektive, b) Erzählperspektive, c) Innensicht, d) Sachebene, e) Zeitdeckung, f) tertium comparationis, g) Zeitdehnung, h) erlebte Rede, i) Erzähler, j) Erzählhaltung, k) Erzählzeit, l) erzählte Zeit, m) Held, n) Ich-Erzählperspektive, o) Zeitraffung, p) Fabel, q) Bildebene, r) Zeitstruktur, s) innerer Monolog, t) Kurzgeschichte, u) Parabel, v) personale Erzählperspektive

7. Glossar: Die Grundbegriffe der Epik

Anekdote
(griech. „das Nicht-Herausgegebene")
Knappe, meist heitere Erzählung, die das Typische einer berühmten Person, einer Zeit oder Gesellschaft schlaglichtartig beleuchtet.

Antiheld
Im Gegensatz zum Helden zeigt der Antiheld keinerlei heroische Züge, er ist passiv, schwach, Opfer der Umwelt (z. B. Woyzeck in Büchners gleichnamigem Drama).

Aphorismus
(griech. „das Abgegrenzte")
Kurzer, prägnanter Merksatz, der einen wichtigen Gedanken enthält („Überzeugungen sind gefährlichere Feinde der Wahrheit als Lügen", Nietzsche).

auktoriale Erzählperspektive
(von lat. „Autor", „Urheber")
Allwissender Erzähler, der den Ablauf des Geschehens kennt und kommentiert (z. B. durch Vorausdeutungen).

Außensicht
Beschreibung des Wahrnehmbaren aus → personaler oder → auktorialer Erzählperspektive.

Bericht
Im epischen Werk: kurzer Abriss des Geschehens, dient der → Zeitraffung.

Bewusstseinsstrom (stream of consciousness)
Assoziative, teilweise als ungeordnet erscheinende Aneinanderreihung der Gedanken, Erinnerungen, Empfindungen, Wahrnehmungen und Reaktionen einer Figur (in *Ulysses* von James Joyce z. B. durch Verzicht auf jegliche Satzzeichen deutlich gemacht). Erzähltechnik des Bewusstseinsstromes: → innerer Monolog.
Beispiel: Alfred Döblin, *Berlin Alexanderplatz*

Bildteil
Textinhalt einer → Fabel oder → Parabel, der einem → Sachteil zugeordnet werden muss. Vgl. auch → tertium comparationis.

Binnenerzählung
Erzählung innerhalb einer Rahmenerzählung (z. B. Boccaccios *Decamerone*).

Briefroman
Romanform, die fast ausschließlich aus den (fingierten) Briefen einer oder mehrerer Personen besteht.

Charakterisierung
Beschreibung einer Person.
Direkte Charakterisierung: durch den Erzähler oder andere Figuren des Werkes.
Indirekte Charakterisierung: durch den Leser (Grundlage: Verhaltensweisen, Kleidung, Aussehen, Gespräche).

Dialog
(griech. „die Unterredung")
Wechselrede zwischen zwei Personen.

Epik
(griech. „zum Epos gehörig")
Im Unterschied zur Lyrik und zum Drama erzählende Dichtung: z. B. Fabel, Parabel, Novelle, Anekdote, Witz, Roman, Kurzgeschichte.

epische Breite
Weit ausholende Erzählweise, die bei Einzelheiten verharrt und häufig abschweift.

erlebte Rede
Form zwischen direkter und indirekter Rede, verdeutlicht innere Vorgänge aus der Perspektive der Figur in der 3. Pers. Präteritum.
Beispiel: Er sagte: „Ich will jetzt ins Haus gehen." (direkte Rede)
Er sagte, dass er ins Haus gehen wolle. (indirekte Rede)
Er wollte jetzt ins Haus gehen. (erlebte Rede)

Erzähler
Vermittlungsinstanz zwischen dem fiktionalen Geschehen und dem Leser.

Erzählgegenwart
Zeitlicher Ort des Erzählers (im Gegensatz zum zeitlichen Ort des Erzählten).

Erzählhaltung
Verhältnis des Erzählers zum erzählten Geschehen.

Erzählperspektive
Standpunkt, von dem aus der Erzähler die erzählte Welt vermittelt. Man unterscheidet → auktoriale Erzählperspektive, → personale Erzählperspektive, → Ich-Erzählperspektive.

Erzählzeit
Durchschnittliche Zeit, die ein Leser zur Lektüre braucht.

erzählte Zeit
Zeit, in der sich die Handlung abspielt.

Fabel
(lat. „Erzählung“)
1. Literarische Gattung (episch, lyrisch), in der Tiere menschliche Eigenschaften verkörpern, meist mit Lehre, die erzieherischen oder satirischen Effekt erzielen soll.
2. Kern („plot“) einer epischen oder dramatischen Handlung.

Handlung
(oder Geschehen)
Innere Handlung: spielt sich im Innenbereich (Gedanken, Gefühle) der Figuren ab.
Äußere Handlung: spielt sich im wahrnehmbaren Bereich ab.

Held
Wertfreie Bezeichnung für die Hauptfigur eines Werkes.

Ich-Erzählperspektive
Sonderform der → personalen Erzählperspektive, Vermittlung des Geschehens aus dem Blickwinkel einer beteiligten Figur in der Ich-Form (Ich-Erzähler nicht identisch mit Autor!).

Innensicht
Auktorialer Erzähler beschreibt, was nicht von außen wahrnehmbar ist, er kommentiert und deutet.

innerer Monolog
Gedanken einer Figur in der 1. Person Singular Präsens, setzt den → Bewusstseinsstrom literarisch um.

Ironie
(griech. „Verstellung")
Unwahre Behauptung, die das Gegenteil von dem meint, was sie ausdrückt; bewirkt Distanzierung des Autors (subjektive Ironie in der romantischen Ironie als Durchbrechung des romantischen Ideals, bei Thomas Mann als Distanzierung von erzählter Welt, objektive Ironie in der tragischen Ironie als Steigerung des tragischen Effekts, z. B. in Sophokles' *König Ödipus*).

Komik
(griech. „nächtlicher Umzug von Zechern unter Musikbegleitung")
Effekt der Erheiterung, ausgelöst z. B. durch Widerspruch zwischen Sein und Schein.

Kurzgeschichte
Nach dem Vorbild der amerikanischen „short story" eine Erzählung mit unmittelbarem Anfang (Einblendung), reduziertem Personal, straffer und linearer Erzählweise und meist offenem, deutungslosem Schluss; verwandt mit Novelle und Anekdote; Stoffe aus der Alltagswirklichkeit.

Märchen
(mhd. „Kunde", „Nachricht")
Epische Form, thematisiert allgemein menschliche Konflikte in einer vom herkömmlichen Verständnis von Raum, Zeit und Kausalität losgelösten Wirklichkeit, häufig mit erzieherischem Impetus.

Monolog
(aus griech. „allein" und „Rede")
Selbstgespräch einer Person, siehe auch ➔ innerer Monolog, ➔ Briefroman, ➔ Ich-Erzählperspektive.

Novelle
(ital. „Neuigkeit")
Kürzere Vers- oder Prosaerzählung über eine „unerhörte Begebenheit" (Goethe), die nicht alltäglich, aber wahrscheinlich (Unterschied zum Märchen) ist; pointierte, auf das Wesentliche beschränkte Struktur mit Höhe- und Wendepunkt.

Parabel
(griech. „Vergleichung", „Gleichnis")
Gleichnishafte Erzählung mit Bild- und Sachteil und einem zumeist nicht ausdrücklich genannten Vergleichspunkt (➔ tertium comparationis); durch Analogiebildung wird die enthaltene allgemeine sittliche Wahrheit erschlossen.

personale Erzählperspektive
Vermittlung des Geschehens aus dem Blickwinkel einer oder mehrerer beteiligter Figuren.

Prolog
Vorwort.

Roman
(altfranz. „in der Volkssprache geschrieben", d. h. nicht in Latein)
Epische Großform, „aus Beschreibung, Dialog, Bericht etc. gefügtes Erzählgewebe zur entwerfenden Darstellung eines Welt- und Lebensausschnitts, in dem Kräfte von Schicksal und Umwelt auf Individuum oder Kollektiv einwirken." (Best, S. 435)

Rückblende
Unterbrechung des kontinuierlichen Erzählflusses, um auf etwas Vergangenes zu verweisen.

Sachteil
Als Gegenbegriff zum → Bildteil das, was eigentlich gemeint ist; Bereich der Wirklichkeit, der im Bildteil verschlüsselt zum Ausdruck kommt. Vgl. auch → tertium comparationis.

Satire
(lat. „Fruchtschüssel")
Haltung, die durch Spott und Kritik Veränderung bewirken will, Demonstration einer fehlerhaften Welt; kann mit allen literarischen Formen Verbindung eingehen.

Symbol
(griech. „Merkmal")
Konkret fassbares Zeichen, das auf einen abstrakten Begriff verweist (z. B. Kreuz als Symbol für das Christentum); häufig vorkommende Gegenstände mit solchem Bezug können zum Dingsymbol werden; auch Farben können mit ihrem Symbolcharakter verwendet werden.

tertium comparationis
(lat. „das Dritte des Vergleichs")
Vergleichspunkt, der die Analogiebildung von → Bildteil und → Sachteil bei → Fabel und → Parabel erlaubt (z. B.: „Er handelt wie ein Fuchs", tertium comparationis: „schlau").

Vorausdeutung
Unterbrechung des kontinuierlichen Erzählflusses, um auf etwas Zukünftiges hinzuweisen.

Zeitdeckung
→ Erzählzeit nahezu identisch mit → erzählter Zeit; beschriebener Vorgang dauert dieselbe Zeit wie die Lektüre; dadurch Eindruck naturgetreuer Wiedergabe, Erhöhung der Eindringlichkeit und Unmittelbarkeit (bes. bei → Bewusstseinsstrom).

Zeitdehnung
→ Erzählzeit länger als → erzählte Zeit; ein in Wirklichkeit kurzer Vorgang wird ausführlich beschrieben, dadurch Erhöhung der Anschaulichkeit.

Zeitraffung
→ Erzählzeit kürzer als → erzählte Zeit; ein in Wirklichkeit lange dauernder Vorgang wird sehr kurz beschrieben, dadurch große Dynamik, geeignet, um längere Zeiträume zusammenzufassen.

Zeitstruktur
Zeitlicher Aufbau einer Erzählhandlung:
kontinuierlicher Aufbau: realistischer Ablauf
diskontinuierlicher Aufbau: Unterbrechung des realistischen Aufbaus durch Vorausdeutungen und Rückblenden
simultaner Aufbau: Geschehnisse laufen zeitlich parallel ab.

Zitat
Wortgetreue Übernahme eines Begriffs, eines Ausdrucks oder ganzer Sätze (z. B. Heinrich Manns *Der Untertan*: Rede Heßlings vor seinen Arbeitern zusammengesetzt aus Zitaten kaiserlicher Reden).

8. Literaturverzeichnis

Best, Otto: *Handbuch literarischer Fachbegriffe*. Frankfurt/Main, 1990

Borchert, Wolfgang: *Nachts schlafen die Ratten doch*. In: Ders.: *Das Gesamtwerk*. Hamburg,1982, S. 216–219

Das Gleichnis vom verlornen Sohn. In: Peisker, Carl Heinz (Hg.): *Zürcher Evangelien Synopse*. Kassel, 1962, S. 110 f.

Ende, Michael: [*Über die weite graue Fläche des Himmels …*]. In: Ders.: *Der Spiegel im Spiegel. Ein Labyrinth*. München: DTV, ^{9}2003, S. 101

Hürlimann, Thomas: *Flug durch Zürich*. In: Ders.: *Die Satellitenstadt*. Zürich, 1992, S. 156 f.

Hürlimann, Thomas: *Dämmerschoppen*. In: Ders.: *Innerschweizer Trilogie*. Zürich: Ammann Verlag, 1991, S. 69–72

Kafka, Franz: *Eisenbahnreisende*. In: Ders.: *Hochzeitsvorbereitungen auf dem Lande und andere Prosa aus dem Nachlass*. Herausgegeben von Max Brod. Frankfurt/Main, 1961, S. 54

Kafka, Franz: *Der Aufbruch*. In: Ders.: *Sämtliche Erzählungen*. Frankfurt/Main, 1980, S. 321

Kafka, Franz: *Gibs auf!*. In: Ders.: *Sämtliche Erzählungen*. Frankfurt/Main, 1980, S. 358

Kafka, Franz: *Heimkehr*. In: Ders.: *Sämtliche Erzählungen*. Frankfurt/Main, 1980, S. 320

Lessing, Gotthold Ephraim: *Der Wolf und das Schaf*. In: *Fabeln aus drei Jahrtausenden*. Auswahl und Nachwort von Reinhard Dithmar. Zürich, 1976, S. 196 f.

Luther, Martin: *Wolf und Lämmlein*. In: *Fabeln aus drei Jahrtausenden*. Auswahl und Nachwort von Reinhard Dithmar. Zürich, 1976, S. 79 f.

Renner, Rolf Günter: *Postmoderne und Moderne*. In: Killy, Walter: *Literaturlexikon*. Berlin: Directmedia, 1998, S. 25966 (= Digitale Bibliothek Band 9)

Schrader, Monika: *Epische Kurzformen. Theorie und Didaktik*. Königstein/Taunus, 1980

Wilpert, Gero von: *Sachwörterbuch der Literatur*. Stuttgart, [7]1989

Wie interpretiere ich...?

Alles zum Thema Interpretation,
abgestimmt auf die individuellen Anforderungen

Basiswissen
(Einführung und Theorie)
- grundlegende Sachinformationen zur Interpretation und Analyse
- Grundlagen zur Erstellung von Interpretationen
- Fragenkatalog mit ausgewählten Beispielen
- Analyseraster

Anleitungen
(konkrete Anleitung - Schritt für Schritt,
mit Beispielen und Übungsmöglichkeiten)
- Bausteine einer Gedichtinterpretation
- Musterbeispiele
- Selbsterarbeitung anhand praxisorientierter Beispiele

Übungen mit Lösungen
(prüfungsnahe Aufgaben zum Üben und Vertiefen)
- konkrete, für Klausur und Abitur typische Fragen und Aufgabenstellungen zu unterrichts- und lehrplanbezogenen Texten mit Lsg.
- epochenbezogenes Kompendium

Bernd Matzkowski
Wie interpretiere ich Lyrik?
Basiswissen Sek. I/II (AHS)
112 Seiten, mit Texten
Best-Nr. 1448-6

Thomas Brand
Wie interpretiere ich Lyrik?
Anleitung Sek I/II (AHS)
205 Seiten, mit Texten
Best-Nr. 1512-1

Thomas Möbius
Wie interpretiere ich Lyrik?
Übungen mit Lösungen, Band 1
Mittelalter bis Romantik
Sek. I/II (AHS),
158 S., mit Texten
Best.-Nr. 1513-X

Thomas Möbius
Wie interpretiere ich Lyrik?
Übungen mit Lösungen, Band 2
Realismus bis Postmoderne
Sek. I/II (AHS),
149 S., mit Texten
Best.-Nr. 1461-3

Bernd Matzkowski
Wie interpretiere ich?
Sek. I/II (AHS)
114 Seiten
Best.-Nr. 1487-7

Bernd Matzkowski
Wie interpretiere ich Novellen und Romane?
Basiswissen Sek. I/II (AHS)
74 Seiten
Best-Nr. 1495-8

Thomas Brand
Wie interpretiere ich Novellen und Romane?
Anleitung Sek. I/II (AHS)
160 Seiten, mit Texten
Best.-Nr. 1471-0

Thomas Möbius
Wie interpretiere ich Novellen und Romane?
Übungen mit Lösungen Sek. I/II (AHS)
200 Seiten, mit Texten
Best.-Nr. 1472-9

Bernd Matzkowski
Wie interpretiere ich ein Drama?
Basiswissen Sek. I/II (AHS)
112 Seiten
Best-Nr. 1419-2

Thomas Möbius
Wie interpretiere ich ein Drama?
Anleitung
204 Seiten, mit Texten
Best.-Nr. 1466-4

Thomas Möbius
Wie interpretiere ich ein Drama?
Übungen mit Lösungen
206 Seiten, mit Texten
Best.-Nr. 1467-2

Bernd Matzkowski
Wie interpretiere ich Fabeln, Parabeln und Kurzgeschichten?
Basiswissen 10.–13. Sj.,
96 Seiten, mit Texten
Best-Nr. 1493-1

Thomas Möbius
Wie interpretiere ich Fabeln, Parabeln und Kurzgeschichten?
Anleitung, 10.-13. Sj.
128 Seiten, mit Texten
Best-Nr. 1464-8

Thomas Möbius
Wie interpretiere ich Fabeln, Parabeln und Kurzgeschichten?
Übungen mit Lösungen, 10.-13. Sj.
ca. 200 Seiten, mit Texten
Best-Nr. 1465-6

Bange
...leichter lernen!